나를 위해 공부하라

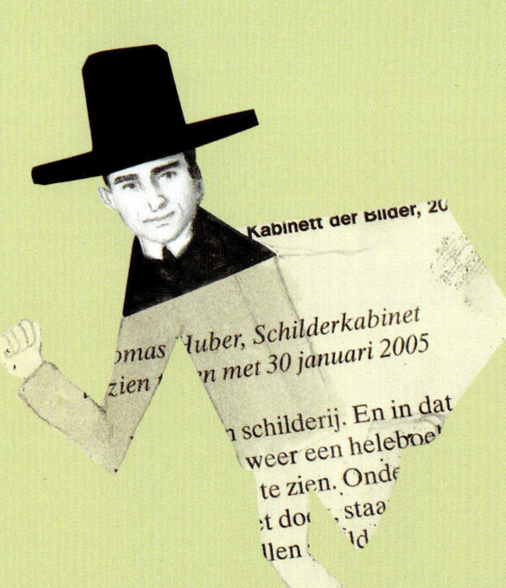

Kabinett der Bilder, 20
omas Huber, Schilderkabinet
zien     n met 30 januari 2005
n schilderij. En in dat
weer een heleboe
te zien. Onde
t doe , staa
llen     ild
wit

고전이
건네는 말
2

# 나를 위해 공부하라

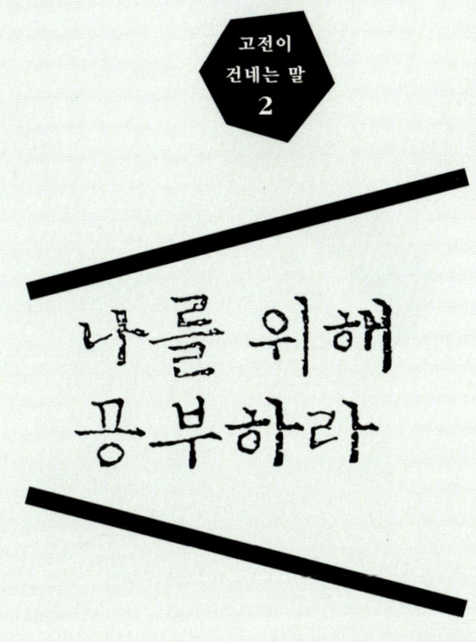

수유너머R 글  김진화 그림

너머학교

# 시대를 넘어온 물음,
# 고전이 건네는 말

고전은 오래되었으나 절대 나이 들지 않는 책입니다. 그 속에는 시대를 넘어온 물음이 담겨 있기 때문이지요. 오랜 시간 사람들은 고전이 던지는 물음을 읽어 내며 자신의 삶을 가꾸어 왔습니다. 그런 점에서 고전은 한 권의 책이 아니라 수많은 사람들의 삶이 연결된 질문의 덩어리, 생각의 교차로라고 할 수 있습니다. 우리는 고전 속에 담긴 물음을 읽으며 오랜 시간 이어져 온 배움의 과정에 동참하게 됩니다.

그렇다면 고전 속에 담긴 물음은 어떻게 읽어 내는 걸까요? 인문학 연구공동체 '수유너머R'에서 평소 고전 공부를 하며 나누는 이야기가 있습니다. '읽다 보면 유독 눈이 머물고 가슴을 뛰게 만드는 문장이 있다. 그것을 붙잡고 생각을 이끌어 가라. 그러면 사유의 물꼬가 트이고 자기 삶의 문제를 보는 새로운 눈이 열릴 것이다!' 어려운 원문 앞에서 주춤거리는 초보에게 해 주는 조언이지만 연구실에서 강조하는 고전 공부의 핵심 자세이기도 합니다.

고전의 원문을 찬찬히 읽다 보면 마음을 두드리는 문장이 있습니다. 그 문장이 씨앗이 되어 여러 질문을 낳지요. 함께 공부하는 동료들과 그 질문을 나누고 다시 생각하는 과정에서 내 삶에 놓인 문제를 낯설게 보는 눈이 생깁니다. 삶을 변화시키는 앎이 거기서부터 하나씩 싹을 틔웁니다.

이렇게 고전이 우리에게 던져 준 하나의 질문, 하나의 말을 화두 삼아 글을 써 '고전이 건네는 말' 시리즈를 펴내게 되었습니다. 고전 속 씨앗문장과 더불어 원문을 짧게나마 함께 실어 읽어 볼 수 있게 했습니다. 요약본이나 해설서만 읽는 것은 어떤 사람에 대해 이야기만 전해 듣고 친구가 되었다고 믿는 것과 같아요. 고전은 고전 자체로 만나야 합니다. 고전이 전해 주는 생생한 말을 들으려면 말이지요.

이 시리즈는 지난겨울 연구실에서 열었던 기획 강좌 '10대를 위한 고전 읽기—시대를 넘어온 물음'의 결실이기도 합니다. 강좌에 참여한 10대들이 고전을 읽으며 두 눈을 빛내던 장면이 떠오릅니다. 오늘의 고민과 맞닿은 이야기가 오가며 수많은 질문이 생겨나는 순간이었습니다.

고전 속에 담긴 물음 앞에는 나이 든 이도, 어린 사람도 따로 없습니다. 단지 오래전에 건너온 새로운 물음을 읽고 자기 삶을 가꾸어 가는 사람이 있을 뿐이지요. 이 책을 읽는 여러분도 고전이라는 교차로에서 자신만의 질문을 만날 수 있기를 바랍니다. 함께하는 동료, 친구들과 그 질문을 나누고 더 풍성한 배움으로 삶을 꾸려 갈 수 있기를 바랍니다.

2013년 여름 김수미

■ 일러두기

- 인명과 지명 등 외래어 표기는 국립국어원 외래어 표기법과 브리태니커 백과사전을 따랐습니다.
- 단행본, 장편소설, 산문집 등은 『』로, 중편소설, 단편소설, 오페라, 영화, 미술 작품 등은 「」로 표기했습니다.
- 본문에서 인용문 출처를 표기할 때 해당 고전은 책 제목을 넣지 않고 권이나 장 제목을 넣거나 생략했습니다. 자세한 인용문 출처는 190~192쪽에 있습니다.

# 나를 위해 공부하라

공자 · 『논어』

김현식

# 공자, 학교를 세우다

흔히 중국 역사를 일러 일치일란

一治一亂이라 합니다. 치세治世와 난세亂世, 그러니까 평화기와 혼란기
가 번갈아 나왔다는 말입니다. 여러 차례의 혼란기가 있지만 그 가운
데도 춘추전국시대는 손꼽히는 혼란기였습니다. 전국戰國이라는 말처
럼 이 시기는 전쟁이 끊이지 않았습니다. 그런가 하면 모든 사회체제
가 붕괴하여 어지러웠던 시대기도 합니다.

그러나 역사에는 빛과 그림자가 함께 존재하기 마련입니다. 시대
의 혼란은 뛰어난 사상가들을 낳았습니다. 중국 역사를 통틀어 이때
만큼 풍요로운 사상가의 시대는 없었습니다. 이를 일러 '백가쟁명百家
爭鳴', 혹은 '제자백가諸子百家'라 부릅니다. '백가쟁명'이 다양한 학파
(百家)가 저마다 목소리를 내어 다투었다(爭鳴)라는 뜻이라면, '제자

백가'란 여러 사상가(諸子)와 그들을 따르는 다양한 학파(百家)를 가리킵니다. 공자, 장자, 한비자 등, '자子'라는 칭호를 얻은 걸출한 사상가들이 모두 이 시기의 인물이었습니다. 그런가 하면 유가儒家, 도가道家, 법가法家 등 여러 학파가 출현한 시기이기도 합니다. 이 가운데 유가의 창시자인 공자라는 인물을 만나 보려 합니다.

공자(孔子, 기원전 551~기원전 479)에서 '자子'는 사상가, 더 쉽게 풀이하면 선생님이라는 뜻입니다. 즉 공자라는 호칭은 그의 성씨, 그가 공 씨였다는 사실만 알려 줍니다. 그의 이름은 구丘, 그러니까 공자의 본래 이름은 공구孔丘입니다. 구丘는 본래 언덕을 뜻하는 글자입니다. 대체 그는 왜 언덕이라는 이름을 갖게 되었을까요? 전해오는 이야기에 따르면 어릴 적부터 공자는 머리 한쪽이 언덕처럼 툭 튀어나온 짱구였답니다. 이 못생긴 머리통을 이름으로 삼은 것이지요. 공구, 그의 본명을 우리말로 옮기면 '공짱구'라고 할 수 있습니다.

전통 사회에서는 이름보다는 자字를 주로 사용했습니다. 덕분에 공자도 우스꽝스러운 그의 이름 대신 '중니仲尼'라는 자를 사용했습니다. 여기서 중仲은 둘째라는 뜻입니다. 그에게는 배다른 형이 하나 있었다고 전해집니다. 공자는 아버지의 둘째 부인에게서 난, 서자였던 것이지요. 공자는 친가에서 별로 환대받지 못했습니다. 거의 버려진 것이나 다름없었습니다. 공자가 겨우 세 살 때 아버지가 돌아가셨는데 아버지의 묏자리조차 알 수 없었을 정도였습니다. 그러니 공자는 어렸을 적부터 매우 가난할 수밖에 없었습니다.

**공자와 제자들** 공자가 그의 제자들과 함께 공부하는 모습이다. 사마천에 따르면 공자는 평생 3천 명의 제자를 가르쳤다고 한다. 그 가운데 77명의 이름이 전해진다.

그의 시대에 비춰 보면 공자는 비천한 출신에 보잘것없는 사람이었습니다. 게다가 생애를 살펴봐도 그렇게 주목할 만한 업적을 남기지는 못했습니다. 그렇다면 대체 우리는 왜 그를 성인 공자, 공 씨 선생님으로 기억하는 것일까요? 인간 공구 대신.

그것은 바로 그가 평생에 걸쳐 제자를 키워 냈기 때문입니다. 젊은 시절부터 그의 곁에는 제자들이 끊이지 않았습니다. 그래서 공자가 평생 길러 낸 제자를 합하면 약 3천여 명이라고 합니다. 그 가운데 당대에 이름을 떨친 제자가 약 70명이나 있었습니다. 이 공자의 제자들은 훗날 유가라는 거대한 학파를 만듭니다. 공자는 우리가 흔히 유학儒學이라고 부르는 학문의 창시자인 것이지요.

스승이 세상을 떠난 후, 공자의 제자들은 스승의 가르침을 책으로 정리하기로 합니다. 저마다 자신이 알고 있는 선생님의 말씀을 모아 책으로 엮어 냈는데 이 책의 이름이 바로 『논어論語』입니다. 이 책에 기록된 공자의 말과 삶은 훗날 큰 영향을 끼칩니다. 오늘날에도 많은 사람이 『논어』를 즐겨 읽는 것을 보면 훌륭한 책임에 틀림없습니다.

『논어』를 펼쳐 보면 가장 먼저 나오는 글자가 '자왈子曰'입니다. 풀이하면 '선생님께서 말씀하셨다.'는 뜻으로 『논어』 전체를 통틀어 가장 많이 나오는 말이기도 합니다. 그런데 이 표현은 매우 중요한 의미를 담고 있습니다. 여기서 자子, '선생님'이라는 표현에 주목합시다. 왜냐하면 『맹자』에서는 '맹자왈孟子曰', '맹자께서 말씀하셨다.'라고 표기되어 있기 때문입니다. 그런데 『논어』에서는 '공자왈' 대신 '자왈'이라고만 했습니다. 어째서 그런 것일까요? 그것은 따로 성씨를 표시하지 않아도 될 만큼 공자의 위상이 높았기 때문입니다. 그저 '자子, 선생님'이라고 하면 으레 공자를 떠올렸다는 말입니다.

공자는 훗날 다양한 호칭을 얻습니다. 널리 쓰인 호칭 가운데 하나가 대성지성선사(大成至聖先師)입니다. 여기서 '선사先師'란 가장 최초의 선생님이라는 뜻입니다. 제자백가라 불리는 여러 선생님이 있지만 그 가운데 공자야말로 최초의, 가장 훌륭한 선생님이라는 의미이지요. 오늘날이야 공자를 여러 위인 가운데 한 사람 정도로 생각하지만 전통 사회에서 공자의 위상은 이처럼 크고 높았습니다.

지금도 그 흔적을 여러 곳에서 찾아볼 수 있습니다. 향교나 성균관에는 대성전大成殿이라는 곳이 있습니다. 이곳은 공자의 위패를 모신 곳입니다. 위패란 제사를 지내기 위해 모셔 둔 일종의 상징입니다. 향교나 성균관은 옛날 선비들이 공부하던 곳, 즉 학교라고 할 수 있습니다. 학교에서 공자에게 제사를 지내다니 좀 이상하지 않나요? 그만큼 공자가 매우 중요했기 때문입니다. 다르게 말해 향교와 성균관에서 공부하는 선비들은 모두 공자의 제자였다는 뜻이기도 합니다.

『논어』에 따르면 공자의 제자가 되는 방법은 매우 쉬웠습니다. 말린 고기 한 묶음 정도의 작은 성의만 있으면 누구나 공자의 제자가 될 수 있었습니다. 지금이야 누구나 배울 수 있는 시대지만 당시만 하더라도 그렇지 않았습니다. 소수의 귀족만이 배울 수 있었고, 배우는 내용도 나라를 다스리는 데 관련된 것이었습니다.

그러나 공자는 그러지 않았습니다. 공자는 신분을 따지지 않고 제자들을 받아들였습니다. 그래서 『논어』를 보면 다양한 배경의 제자를 만날 수 있습니다. 끼니를 얻기 어려울 정도로 가난한 사람이 있었는가 하면, 천하에 이름을 떨친 대부호도 있었습니다. 귀족 출신도 있었고, 한때 주먹을 휘두르던 협객도 있었습니다. 죄인의 자식도 있었고, 옥에 갇혔던 범법자도 있었습니다. 이처럼 다양한 사람들이 공자 학교의 학생들이었습니다.

공자는 제자들에게 기능적인 지식을 가르치지 않았습니다. 공자가 가르쳤던 것은 삶의 윤리와 태도에 관한 것이었습니다. 그는 제자들이 어떤 자리를 얻느냐보다는 사람답게 참된 삶을 사느냐를 문제 삼았습니다. 군자君子라는 완성된 인격에 도달하는 것이 공자 학교의 목표였습니다.

모든 학교가 그렇듯 선생님의 마음에 쏙 드는 제자만 있는 것은 아닙니다. 도리어 선생님의 기대에 미치지 못하는 제자가 더 많기 마련이지요. 공자의 제자들 역시 마찬가지였습니다. 『논어』를 읽어 보면 좌충우돌, 끊임없이 문제를 일으키는 골칫덩이 제자를 만날 수 있습니다. 덕분에 우리는 『논어』에서 귀중한 가르침을 얻을 수 있습니다. 훌륭한 제자들만 있었다면 따분한 교훈적인 이야기만 있었겠지요.

**대성전** 경주향교에 있는 대성전이다. 향교는 공자와 여러 성현들께 제사를 지내고, 그 지역의 교육을 위해 나라에서 세운 교육기관이다. 대성전 안쪽에 공자를 비롯한 그 제자와 우리나라 성현들의 위패가 모셔져 있다.

『논어』가 생동감 넘치는 흥미진진한 문장으로 가득 차 있는 이유는 바로 이 때문입니다.

『논어』는 약 500여 개에 이르는 짧은 대화로 구성되어 있습니다. 그리 많은 분량은 아닙니다. 그러니 기회가 닿으면 꼭 이 책, 『논어』를 직접 읽어 보시기를. 우리는 이 가운데서도 배움에 관련된 멋진 문장 몇 개를 간추려 살펴볼 예정입니다. 그리 길지도 않고, 어렵지도 않기에 한문 문장을 직접 옮겨 두었습니다. 한문 문장을 소리 내어 읽어 보는 것도 새로운 느낌일 겁니다.

자, 그렇다면 공자는 과연 배움에 관해 무엇이라 말했을까요? '학습'이라는 익숙한 단어가 우리를 기다리고 있습니다.

# 학습學習의 탄생

　　　　　　　　『논어』의 첫 문장은 매우 유명합니다. 『논어』를 읽어 보지 않았더라도 한 번쯤은 들어 봤을 겁니다.

子曰 學而時習之 不亦說乎 有朋自遠方來 不亦樂乎 人不知
而不慍 不亦君子乎
자왈 학이시습지 불역열호 유붕자원방래 불역락호 인부지
이불온 불역군자호

선생께서 말씀하셨다. "배우고 늘 그것을 익히면 기쁘지 않겠는
가? 함께 공부하는 이가 멀리서 찾아오면 즐겁지 않겠는가? 남
이 알아주지 않아도 성내지 않으면 군자가 아니겠는가?

이 문장은 '學而時習之 不亦說乎(학이시습지 불역열호)'로 시작합니다. 여기서 '학이시습學而時習'을 줄인 말이 바로 '학습學習'입니다. 학습이란 이처럼 배우고(學), 익히는(習) 활동을 가리킵니다. 공자는 학습에 대해 이렇게 말합니다. '배우고 늘 그것을 익히면 기쁘지 않겠는가?' 곱씹어 보면 참 얄궂은 말입니다. 배운 것을 '늘' 익혀야 하는 것은 물론, 그렇게 배우고 익히는 과정이 기쁩답니다. 이 말을 요약하면 이렇습니다. '배우고 익히는 것은 기쁜 일이다.'

그런데 여기서 기쁨을 의미하는 글자인 '열說/悅'에 주목할 필요가 있습니다. '열'이란 아주 높은 기쁨의 경지를 나타내는 말입니다. 오늘날에도 희열喜悅이라는 말을 씁니다. 이처럼 '열'은 무언가 짜릿한 느낌을 가리킵니다. 어떤가요? 매일같이 '학습'에 매진하고 있는 여러분, 공자의 말처럼 짜릿한 기쁨을 누리고 있습니까?

적어도 공자는 이런 짜릿함을 경험하며 살았던 사람임에 틀림없습니다. 이렇게 말한 적도 있기 때문이지요.

女奚不曰 其爲人也 發憤忘食 樂以忘憂 不知老之將至云爾
여해불왈 기위인야 발분망식 낙이망우 부지로지장지운이

나란 사람은 배움에 열중한 나머지 먹는 것도 잊어버리고 배움의 즐거움 때문에 걱정도 잊고 늙어 가는 줄도 모른다고 말하지 그랬느냐.

이것은 '섭공'이라는 당대의 유력한 정치가를 만나고 돌아온 제자에게 해 준 말이었습니다. 사건은 이렇습니다. 섭공이 공자의 제자 자로를 만나 공자가 어떤 사람인지 물었습니다. 그런데 자로는 아무런 말도 못 하고 그냥 돌아옵니다. 자로의 성격을 생각해 보면 이 일은 예삿일이 아닙니다. 그는 말과 행동이 거침없기로 소문난 제자였기 때문이지요. 한때 주먹깨나 쓰는, 긴 칼을 차고 협객으로 이름을 날렸던 이 제자는 선생의 일이라면 누구보다 열심이었습니다. 자로가 공자의 제자가 된 이후로 공자를 비방하는 소리를 들을 수 없을 정도였답니다. 그가 혼쭐내 주었기 때문이지요.

괄괄한 성격에 어디서나 당당했던 이 제자는 왜 아무 말도 하지 못한 것일까요? 그것은 당시 공자와 제자들의 형편이 영 좋지 않았기 때문입니다. 섭공을 만났을 때 공자와 제자들은 여러 나라를 전전하고 있었습니다. 오랜 방랑에도 불구하고 그들을 반겨 주는 나라는 별로 없었습니다. 그러니 행색이 초라할 수밖에요. 공자를 두고 '집 잃은 개(喪家狗)'라며 놀려 대는 사람이 있을 정도였습니다. 이런 와중에 섭공의 질문을 받았으니 대답하기 쉽지 않았을 겁니다. 자로는 이런 모습이 부끄러웠나 봅니다.

이렇게 벙어리가 되어 돌아온 제자에게 공자가 해 주는 말이 앞의 문장입니다. 공자는 자로에게 자신을 이렇게 소개하면 되었을 거라고 일러 줍니다. 배움의 열정에 사로잡혀 먹는 것도 잊고, 그 즐거움에 빠져서는 근심도 잊어버리는 사람이라고. 게다가 시간이 흘러 나

이가 들고 늙어 가는 줄도 모르는 사람이라고. 끼니를 잊을 만큼, 걱정이 지워질 만큼, 시간이 흘러 자신이 쇠약해지는 것도 모를 만큼 공자는 배움을 사랑한 사람이었습니다.

이런 공자의 모습을 잘 설명하는 말이 호학好學입니다. 좋아할 호好에 배울 학學. 좀처럼 자신을 뽐내지 않았던 공자였지만 배움에 대해서만큼은 자랑을 숨기지 않았습니다.

十室之邑 必有忠信如丘者焉 不如丘之好學也
십실지읍 필유충신여구자언 불여구지호학야

열 집이 되는 조그만 고을에도 나처럼 진실하고 믿음직스러운 사람은 있겠지. 그러나 나만큼 배우기를 좋아하는 사람은 없을걸.

배움에 대한 공자의 열정은 갑자기 생긴 것이 아니었습니다. 그는 어릴 적부터 배움에 큰 뜻을 품고 있었습니다. 공자의 일생은 배움에서 시작해서 완성된 인격에 이르는 과정이었습니다. 자신의 죽음을 앞두고 제자들에게 일러 준 말을 보면 그가 어떤 삶을 살았는지를 잘 알 수 있습니다.

吾十有五而志于學 三十而立 四十而不惑 五十而知天命 六十而耳順 七十而從心所欲不踰矩

오십유오이지우학 삼십이립 사십이불혹 오십이지천명 육
십이이순 칠십이종심소욕불유구

나는 열다섯 살에 배움에 뜻을 두었다. 서른에 홀로 서게 되었
고, 마흔에는 마음에 의심이 사라졌다. 쉰에는 하늘이 준 사명을
알았고 예순에는 귀가 순하여졌다. 일흔에는 마음대로 행동하여
도 문제가 없게 되었다.


훗날 사람들은 공자의 이 말을 크게 사랑한 나머지 여기서 각 나이
때를 지칭하는 단어를 만들어 내기도 했습니다. 서른을 이립而立, 마
흔을 불혹不惑, 쉰을 지천명知天命, 예순을 이순耳順, 일흔을 종심從心이
라 부르는 이유가 바로 여기에 있습니다. 그러나 이 단어들은 각 나
이 때를 대표하는 말일 뿐 그 나이에 도달해야 하는 삶의 경지를 나
타내는 말은 아닙니다. 마흔을 불혹이라 하지만 마흔에 불혹, 마음에
의심이 없는 경지까지 이르는 사람은 보기 힘듭니다. 불혹은커녕 마
음에 의심은 더욱 커지고 이리저리 흔들리기 쉽습니다. 마흔을 넘어
쉰이나 예순이 되어도 결코 쉬운 일이 아닙니다.

불혹만 아니라 이립, 지천명, 이순이 모두 어렵습니다. 이런 경지
에 이른 사람이 있다면 성인군자까지는 아니겠지만 꽤 훌륭한 사람
이라고 해도 무방할 겁니다. 이러니 공자가 나이 칠십에 이르렀다는,
마음대로 행동하더라도 문제가 없었다는 경지는 까마득히 높아 보입

니다. 그러나 성인 공자니까 가능했을 것이라고 생각하는 것은 이 말을 제대로 이해하는 것이 아닙니다. 도리어 우리는 처음 시작에 주목할 필요가 있습니다. 공자가 어떤 경지에 이르렀는가보다 그가 어디에서 시작했는가를 봐야 합니다.

그는 '十有五而志于學십유오이지우학', 열다섯에 배움에 뜻을 두었다고 말합니다. 여기서 배움에 뜻을 두었다는 말은 배움을 삶의 목표로 삼았다는 뜻입니다. 열다섯, 소년 공자는 다른 십대들처럼 세상에 대해, 자신의 미래에 대해 많은 생각을 했을 겁니다. 그 와중에 그가 선택한 길은 배움의 길이었습니다. 그 마음이 바로 공자라는 위대한 스승을 만든 길이었습니다. 공자의 제자들이 『논어』를 엮으며 학습을 맨 처음에 둔 이유도 같습니다. 바로 배움에서 시작해야 한다는 말이지요.

따라서 이 문장은 배움에서 시작하여 완성된 인격에 이르는 과정을 보여 주는 것으로 이해해야 합니다. 비록 나이가 언급되었지만 이는 그 과정을 구분하는 것에 불과합니다. 서른이 되었기에 이립에 이르렀고, 마흔이 되었기에 불혹에 이른 것이 아니라 지우학志于學, 배움에 뜻을 두었기에 이립과

공자상 필리핀 마닐라 리살공원에 있는 공자상이다.

불혹에 이른 것이라고 할 수 있습니다.

마음대로 행동하더라도 문제가 없는 경지, 이는 성숙한 인격을 갖춘 사람만이 이를 수 있는 경지입니다. 이런 경지를 『논어』에서는 '군자君子'라고 불렀습니다. 그래서 앞에서 소개한 『논어』의 첫 문장은 군자에 대한 이야기로 끝납니다. '人不知而不慍 不亦君子乎 인부지이 불온 불역군자호, 남들이 알아주지 않아도 성내지 않으면 군자가 아니겠는가?'

공자는 배움에서 시작해서 군자에 이르는 과정을 보여 줍니다. 학습, 배움이란 이처럼 군자, 완성된 인격에 이르는 길입니다. 오늘날의 학습과는 영 다르지요. 오늘날의 학습이 높은 성적을 얻어 좋은 대학과 멋진 직장에 들어가는 것이라면 공자의 학습은 이와 정반대에 있습니다. 그는 부와 명성을 공부의 목표로 삼지 않았습니다. 공자가 말하는 배움은 자신의 삶을 대상으로 합니다.

학습이라는 말은 남았지만 기쁨이 사라진 이유도 여기에서 찾을 수 있습니다. 단어만 똑같을 뿐 그 의미는 영 다르기 때문이지요. 따라서 공자가 말한 배움의 기쁨을 알기 위해서는 우리는 배움의 이미지를 새롭게 그려야 합니다.

# 위기지학爲己之學, 나를 위한 공부

가르침에 차별을 두지 않았던 공자의 정신을 유교무류有敎無類라고 합니다. 무류無類란, 부류(類) 그러니까 신분을 따지지 않았다는 뜻입니다. 공자는 신분보다는 사람됨이 중요하다고 보았습니다. 이는 나랏일도 마찬가지입니다. 귀족 대신 군자, 즉 제대로 배운 사람이 나라를 다스려야 한다고 생각했습니다. 이런 공자의 정신이 실현된 것이 바로 '과거제도'입니다.

오늘날 우리는 과거제도를 낡고 고리타분하다고 생각하지만 당대만 하더라도 매우 혁신적인 제도였습니다. 신분의 차이를 무시하고 능력 있는 인재에게 나랏일을 맡기겠다는 생각에서 만들어진 제도이기 때문입니다. 여성과 천민들은 배제되었지만, 일단 과거에 합격하면 누구나 출신에 상관없이 관료가 될 수 있었습니다. 서구 사회가 오랫동안 소수 귀족들만 관료가 될 수 있었던 것에 비하면 이 과거제도는 매우 매력적인 제도임에 틀림없습니다.

실제로 계몽주의 사상가들은 과거제도에 대해 듣고는 이런 혁신적인 제도가 있다는 사실에 크게 놀랐다고 합니다. 그래서 어떤 학자는 서구 민주주의의 전통에 신분의 차이를 따지지 않는 공자의 평등정신이 영향을 주었다고 평가했습니다. 비록 시험이라는 형식을 거치지만 모든 사람이 공평하게 정치에 참여할 수 있다는 점에서 과거제도야말로 민주적 제도였다고 해석하기도 했습니다.

이팔청춘, 16세 성춘향의 남자 친구를 다 알고 있을 겁니다. 이 도령! 바로 이몽룡입니다. 이 이몽룡이 암행어사가 되어 변 사또와 아전들을 꾸짖는 장면은 춘향전의 클라이맥스 부분입니다. 그런데 이 장면에서 많은 사람들이 간과하는 점이 있습니다. 바로 이몽룡의 나이입니다. 춘향전 시작을 보면 이몽룡은 성춘향과 동갑으로 등장합니다. 즉 이때 사또와 아전을 꾸짖는 것은 16세 청소년이라는 말씀. 십대가 고을 사또와 아전들의 부정을 폭로하며 꾸짖는 장면이라니, 참 통쾌하지 않나요? 이몽룡이 당당하게 '암행어사 출두요'를 외칠 수 있었던 이유는 그가 과거시험을 통과했기 때문이었습니다. 이처럼 과거는 나이까지도 뛰어넘을 수 있는 제도였습니다.

이러다 보니 많은 사람이 과거를 보겠다고 달려듭니다. 일단 과거에 합격하기만 하면 멋진 삶이 보장되었기 때문입니다. 장원급제로 인생 역전! 이러니 경쟁이 매우 치열할 수밖에요. 조선 후기에는 과

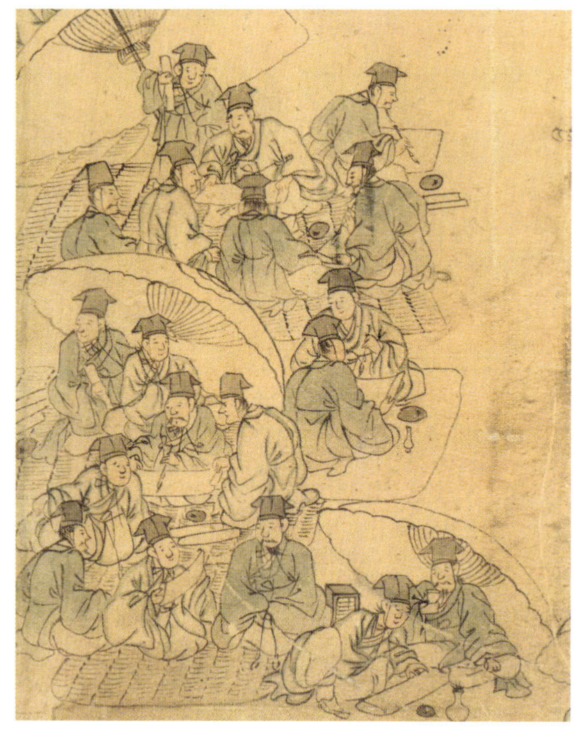

소과 응시 「평생도」의 한 장면으로 소과에 응시하는 모습이다. 과거 급제가 출셋길로 여겨진 만큼 온갖 부정행위가 있었다고 한다.

거시험에 너무 많은 사람이 몰린 나머지 시험장에 들어가는 것만도 힘들었습니다. 그래서 시험장에 들어가도록 도와주는 일종의 보디가드 같은 사람이 등장하는가 하면, 시험 문제를 예상해서 적절한 답안을 써 주는 글장수까지 등장합니다. 결국 과거제도는 유명무실한 제도가 되어 버리지요.

과거제도의 폐해는 오늘날의 극심한 입시 제도를 떠올리게 만드는 까닭에 남의 이야기 같지 않습니다. 이런 상황에 비추어 보면 배움의 즐거움을 말하며 학습을 강조한 공자는 지나치게 이상주의적으로 보입니다. 아무리 배움이 좋은 것이더라도 자칫하면 무엇을 위한 수단으로 전락할 수 있기 때문이지요.

그런데 『논어』를 읽어 보면 공자 당시에도 이미 이런 문제에 대한 고민이 있었나 봅니다.

古之學者爲己 今之學者爲人
고지학자위기 금지학자위인

옛날 사람은 자기를 위해 배웠는데 지금 사람은 남을 위해 배우는구나.

공자에게 배움이란 자신의 성숙을 위한 과정이었습니다. 당연히 관직에 올라 부와 명성을 추구하는 일 따위는 안중에 없었지요. 그러나 공자의 제자들은 그렇지 않았습니다. 어떻게 하면 관직에 오를지, 많은 녹봉을 받아 편안한 삶을 살 수 있을지가 고민이었습니다. 이런 제자들에게 들려주는 말이 바로 위 문장입니다.

여기서 공자는 옛날 사람과 오늘날 사람을 대비하며 서로 다른 두 공부에 대해 말합니다. 하나는 자신을 위한 공부, 또 하나는 남을 위한 공부입니다. 그런데 그냥 이 문장만 보아서는 공자가 대체 무슨 말을 하고 싶은지 이해하기 힘듭니다. 과연 공자는 어떤 태도를 가져야 한다고 말하는 것일까요? 참고로 공자는 새것보다는 옛것을 중시하는 사람이었습니다. 그래서 온고지신溫故知新이라고 말하기도 했습니다. 옛것을 익혀야 새로운 것을 안다는 뜻입니다. 당연히 삶의 태도도 옛 성인을 따르고자 했습니다. 즉 여기서 공자는 옛날 사람들처럼 자기를 위해 배워야 한다고 말하는 것입니다.

공자가 여기서 말한 '나를 위한 공부'를 더 잘 이해하기 위해 후대 학자가 부연한 글을 살펴봅시다.

古之學者爲己 其終至於成物 今之學者爲物 其終至於喪己
고지학자위기 기종지어성물 금지학자위물 기종지어상기

옛날 사람은 자기를 위해 배워 결국엔 남을 온전하게 하는 데에 이르렀고, 지금 사람은 남을 위해 공부하기 때문에 결국엔 자신을 잃어버리는 데까지 이르렀다.　　　　　　　　　—『근사록』「위학」

앞에서 공자는 자기(己)와 남(人)을 대립시켰는데, 여기서는 자기(己)와 다른 것(物)이라고 표현했습니다. 공자가 말한 남이란 나 아닌 다른 무엇을 가리키는 것이라고 할 수 있습니다. 다른 무엇을 위해 공부하다 보면 자신을 잃어버리는 데(喪己)까지 이르게 된답니다.

공자는 '어떤 것', 특히 '남의 시선이나 남의 평가를 위해 공부할 때 자신을 잃어버리게 된다고 말합니다. 명성을 얻기 위해, 높은 자리를 얻기 위해 공부하다가는 결국 자신을 소외시키고 만다는 것이지요. 공부의 주인공이 자신이 아닐뿐더러 자신의 삶조차 무엇을 위한 도구로 전락해 버립니다. 앞에서 언급한 과거제도의 어두운 점은 바로 이런 문제에서 비롯된 것이라고 할 수 있습니다. 입신양명이 유일한 목표가 되는 순간 그 정신은 사라지고 형식만 남게 되는 것이지요.

과거제도가 없었던 공자 시대에는 직접 군주를 만나 관직을 얻는 사람들이 많았습니다. 여러 나라를 돌아다니며 군주를 설득하는 사람들을 유세객遊說客이라고 불렀습니다. 오늘날 '선거 유세'라고 할 때 그 유세가 바로 여기서 나왔습니다. 선거 유세 현장을 보면 시끌벅적합니다. 공약公約이 아닌 공약空約, 헛된 약속만 내놓는 사람도 적지 않습니다. 어떻게든 사람들의 마음을 사서 자리에 오르고자 하기 때문입니다.

공자 시대의 유세객도 오늘날의 선거 유세하는 사람과 크게 다르지 않았습니다. 듣기 좋은 말로 군주의 마음을 사, 관직에 오르려고 혈안이 되었지요. 이런 사람을 두고 공자는 교언영색巧言令色, 좋은 낯빛과 듣기 좋은 말로 남에게 아첨하는 사람이라고 평했습니다. 당연히 이런 사람 가운데 제대로 된 사람을 만나기란 어려운 일이었지요.

공자가 남을 위한 공부를 하지 말라고 할 때엔 이런 교언영색하는 사람이 되지 말라는 뜻도 있습니다. 자신의 사욕을 채우기 위해 남에게 아첨하는 그런 보잘것없는 사람이 되지는 말라는 것이지요. 그렇다면 공자가 기대한 군자다운 사람이 되려면 어떻게 해야 할까요? 이

대답은 앞에 소개한 『논어』 첫 문장에 들어 있습니다.

'人不知而不慍인부지이불온', 남들이 알아주지 않아도 성내지 말라고 말합니다. 즉 남의 시선에 얽매여서는 안 된다는 뜻이지요. 남의 판단과 평가에 자꾸 귀를 기울이면 자신의 모습에 집중할 수 없습니다. 자신이 원하는 대로 살기보다는 반대로 남이 바라는 모습에 맞춰 가게 됩니다. 결국 자신을 잃어버리는 데까지 이르게 되는 것이지요.

자신을 위한 공부와 남을 위한 공부, 이를 한자로는 각각 위기지학爲己之學과 위인지학爲人之學이라고 부릅니다. 과연 오늘 우리의 공부는 어디에 가깝습니까? 부모의 칭찬, 선생님의 평가, 친구의 부러운 시선을 위해 공부하고 있지는 않나요? 그렇다면 이는 위기지학보다는 위인지학에 가까운 공부라고 할 수 있습니다. 공자는 이 대신 '군자君子'가 되는 공부여야 한다고 말했습니다. 쉽게 말하면 '더 나은 나', 성숙한 인격을 위해 공부해야 한다는 뜻이지요.

그런데 한편, '남들이 알아주지 않아도 성내지 말라'는 말에는 세상 사람들이 이런 공부를 별로 반기지 않을 거라는 뜻이 숨어 있기도 합니다. 그렇다면 공자가 말한 위기지학, 나를 위한 공부를 하면 외톨이가 되어 버리는 것일까요? 혼자 골방에 박혀 책만 읽는 그런 갑갑한 사람이 되라는 말일까요?

# 덕불고德不孤,
# 나와 이웃을 위한 공부

공자가 천하를 떠돌아다니고 있을 때의 일입니다. 한번은 길을 잃어 밭일을 하는 노인에게 길을 물어야 했습니다. 그런데 이 노인이 하는 말이 심상치 않습니다. 이미 공자에 대해 잘 알고 있었을 뿐만 아니라 공자의 약점을 콕 집어 공격하기까지 했으니까요. 길을 물어온 공자의 제자 자로에게 그 노인은 이렇게 말합니다.

"이렇게 거침없이 흘러가는 세상을 어떻게 바꾼단 말인가? 사람을 피해 다니는 사람과 어울리지 말고 차라리 세상을 피해 사는 사람과 함께하는 게 어떻겠나?"

노인이 보기에 이 어지러운 세상은 어떻게 손쓸 수도 없는 상황이었습니다. 그래서 자신은 세상을 피해 사는 사람이 되었다고 말합니다. 그가 한적한 시골에서 농사를 짓는 것도 그 때문이었지요. 반면 공자는 세상을 피해 살지 못하고 그저 사람을 피해 사는 사람에 불과하답니다. 자신을 알아줄 사람을 찾아 떠도는 공자의 삶이 영 쓸모없이 보였다는 뜻입니다. 그래서 자로에게 공자 같은 쓸모없는 사람을 따라다니지 말고 세상을 피해 함께 농사를 짓자고 권유합니다.

그러나 우직한 자로는 이 노인의 권유에도 불구하고 공자에게 다시 돌아옵니다. 그러고는 그 노인의 말을 전해 주지요. 이 말을 들은 공자는 이렇게 말했답니다.

"짐승들과 함께 살 수는 없지 않은가? 이 사람들과 함께 살지 않으면 누구와 함께 살아야 할까?"

밭일을 하던 노인처럼 세상을 등지고 사는 사람을 은자隱者, 숨어 사는 사람이라고 합니다. 세상의 혼란스러운 일에 휘둘리지 않고 깨끗한 삶을 살고자 자연으로 돌아간 것이지요. 공자 시대는 물론 후대에도 이런 은자들은 꽤 많았습니다. 이들은 세상일보다 자신의 삶이 더 중요하다고 생각했던 사람이었습니다. 이들이 보기에 공자는 사서 고생하는 사람이었지요.

그러나 공자는 이런 은자처럼 살 수 없다고 말합니다. 사람은 늘 누군가와 관계를 맺고 살아갈 수밖에 없기 때문입니다. 공자가 말한 '나(己)'는 이런 차원에서 생각해야 합니다. 공자가 말한 위기지학을 자칫하면 이기주의와 혼동할 수 있습니다. 이기주의란 '나'라는 사사로운 개인의 욕망을 위해 사는 삶의 태도를 가리킵니다. 그러나 공자

**자로와 노인** 공자의 일화를 담은 그림이다. 노인에게 길을 묻는 자로에게 노인은 세상을 피해 자신과 함께 농사나 짓자고 권유한다.

에게는 애당초 남과 완벽하게 단절된 사사로운 나라는 개념이 없습니다. '나'는 늘 어떤 관계 속에 놓여 있기 마련입니다.

우리도 마찬가지입니다. 누구의 딸이거나 아들이며, 친구이기도 하고, 제자이거나, 누나, 형일 수 있습니다. 조금만 생각해 보면 나를 중심으로 한 그물 같은 관계망을 그려 볼 수 있습니다. 이 중심에 있는 것이 바로 '나'입니다. 나는 이 관계망 위에서 끊임없이 소통하고 교류하는 존재입니다. 더 나아가 말하면 이런 관계의 묶음이 바로 '나'라고 할 수 있습니다. 따라서 위기지학, '나를 위한 공부'란 이 무수한 관계와 무관할 수 없습니다.

앞서 소개한 『논어』의 첫 번째 문장을 다시 기억합시다. 공자는 남의 평가에 휘둘려서는 안 된다고 말했습니다. 그러나 그전에 '有朋自遠方來 不亦樂乎유붕자원방래 불역락호, 함께 공부하는 이가 멀리서 찾아온다면 즐겁지 않겠는가?'라고 말하기도 했습니다. 이처럼 공부란 본디 늘 누군가와 함께 하는 것입니다.

여기서 '함께 공부하는 이'로 풀이한 한자는 '붕朋'입니다. 이 글자는 '벗, 친구'라는 뜻을 갖고 있습니다. 그런데 사전을 보면 여기에 '무리'라는 의미도 들어 있습니다. '친구'라는 쉬운 단어를 내버려 두고 다르게 풀이한 것은 맥락상 '무리'라는 의미가 더 적합하기 때문입니다. 그래서 다산 정약용은 이 '붕朋'을 '동지同志'라고 풀기도 했습니다. 동지란 같은 뜻을 품은 사람을 의미합니다. 같은 꿈, 같은 이상을 가진 사람을 가리키는 말이지요. 공자에게는 제자들이, 제자에게는 공자가 바로 그런 사람이었습니다.

이렇게 함께 배우며 같은 꿈을 꾸는 사람이 있기에 락樂, 즐겁습니다. 배움은 그 자체로 기쁜 일이지만 함께 배우는 동료들이 있기에 즐거운 일이기도 합니다. 그래서 공자는 이렇게 말하기도 했습니다.

德不孤 必有隣
덕불고 필유린

덕이 있는 사람은 외롭지 않다. 반드시 이웃이 있다.

여기서 '덕德'이란 성숙한 인격의 경지를 의미합니다. 앞의 말로 바꾸면 바로 군자라고 할 수 있습니다. 이 성숙한 인격은 늘 현재적인 관계 위에서 드러나기 마련입니다. 예를 들어 유가에서는 사람마다 기본적인 다섯 가지 관계가 있다고 보았습니다. 바로 오륜五倫입니다. 부자父子, 아버지와 아들. 군신君臣, 군주와 신하. 부부夫婦, 남편과 아내, 장유長幼, 어른과 아이. 붕우朋友, 친구 사이. 물론 오늘날의 눈으로 보면 고개를 갸우뚱하게 하는 부분이 있습니다. 대표적으로 군주와 신하 관계가 그렇지요. 그러나 이 다섯 가지는 하나의 예에 불과합니다. 인간이 맺고 있는 관계가 어찌 다섯 가지에 불과할까요. 아마 더 많으면 많았지 적지는 않을 것입니다. 덕을 갖춘 군자는 곧 이런 관계 위에서 지혜롭게 살아가는 사람을 의미합니다.

한번은 자공이라는 공자의 제자가 이렇게 물었습니다. "만약에 어떤 사람이 많은 사람에게 혜택을 주고, 구제해 주기까지 한다면 어떻겠습니까? 그런 사람이야말로 정말 훌륭한 사람 아닐까요?" 공자는 이 질문에 이렇게 대답합니다. "훌륭하다뿐이겠느냐! 그런 사람이라면 성인이라고 할 수 있겠지. 요임금이나 순임금도 그렇게는 못 하셨다. 모름지기 훌륭한 사람이란 자기가 서고자 하면 남을 세워 주고, 자기가 깨닫고자 하면 남을 깨우쳐 주는 사람이란다. 그렇게 시작하는 것이 훌륭한 사람이 되는 길이다."

人不知而不慍

공자의 가르침은 늘 구체적인 것에서 출발했습니다. 지나치게 관념적인 문제를 이야기하는 것을 달가워하지 않았습니다. 그래서 자로라는 제자가 죽음에 대해 물었을 때에도 공자는 "삶도 모르는데 어찌 죽음에 대해 알겠느냐."라고 말했습니다. 상상으로밖에 생각할 수 없는 죽음 대신 지금 살고 있는 현실의 문제를 이야기해야 한다는 게 공자의 생각이었지요.

자공의 질문에 대해서도 마찬가지입니다. 만약 어떤 사람이 많은 백성을 보살피고 구제할 수 있다면 어떨까요? 물론 좋겠지만 그것은 상상에 불과할 뿐입니다. 전설상의 성인이었던 요임금이나 순임금도 그 정도까지는 못 했습니다. 그렇다고 자공이 아주 허황된 이야기를 하는 것은 아니었습니다. 나름 커다란 포부를 밝힌 것이지요. 다만 이상이 크기만 할 뿐 대체 그 이상을 어떻게 실현할지에 대해서는 아무런 생각이 없었습니다. 이에 공자는 바로 지금 맺는 관계에서 시작해야 한다고 말합니다. 그래서 공자는 "자기가 서고자 하면 남을 세워 주고, 자기가 깨닫고자 하면 남을 깨우쳐 줘야 한다."라고 말합니다. 공자의 말을 원문으로 옮기면 이렇습니다.


己欲立而立人 己欲達而達人
기욕립이립인 기욕달이달인


나는 결코 남과 무관한 존재가 아닙니다. 반대로 늘 남과의 관계

속에 있습니다. 그래서 나를 위한다는 것은 곧 남을 위하는 것과 같은 의미입니다. 그렇다고 위기지학이 곧 위인지학이라는 말은 아닙니다. 위인지학, 남을 위한 공부에서의 '나'란 남의 평가에 휘둘리는 존재입니다. 그러나 위기지학의 '나'는 남을 통해 자신을 실현하는 존재입니다. 즉 주도권이 누구에게 있느냐가 중요합니다. 다르게 말하면 공부의 출발점이 어디에 있느냐 하는 점입니다. 위인지학은 남에게서 출발한다면 위기지학은 자기로부터 출발하는 공부입니다.

『대학大學』이라는 책은 나로부터 출발하는 공부를 가장 잘 보여 줍니다. 『대학』에 따르면 군자의 공부는 다음과 같은 순서를 따라야 합니다. 수신修身－제가齊家－치국治國－평천하平天下. 자신을 잘 닦아야(修身), 자신의 집안을 바르게 할 수 있고(齊家), 이다음에 나라를 다스릴 수 있으며(治國), 세상을 평화롭게 이끌 수 있다(平天下)는 말입니다. 여기서 '수신', 자신을 수양하는 것이야말로 나로부터 시작하는 공부라고 할 수 있습니다. 그런데 이 공부는 자신에게 머물러 있지 않습니다. 나에게서 출발해서 집안과 나라를 거쳐 천하에까지 확장되어야 한다고 말합니다. 공부란 모름지기 이처럼 커다란 포부를 가져야 하는 것이지요.

공자는 처음으로 '학습'이라는 단어를 세상에 내놓은 사람이었습니다. 그와 제자들의 공부 모임은 최초의 학교가 되었습니다. 그런데 만약 그가 오늘날 우리의 학교 모습을 보면 무어라고 말할까요? 아마 깜짝 놀라지 않을까요? 위기지학 대신 위인지학만 남은 데다, 이기적인 나의 욕망만 남아 있는 이 상황을 공자는 결코 달가워하지 않을 겁니다.

여러분은 어떤 공부를 하고 있습니까? 어떤 공부를 하고 싶습니까? 과연 정말로 '공부'하고 있습니까? 어쩌면 오늘날 학생學生들이야말로 '배움(學)'과 가장 거리가 먼 사람들 아닐까요? 나를 위해 배우는, 나로부터 출발해서 동료와 이웃에 이르는 참 배움의 경험이 필요합니다.

人不知而不慍 不亦君子乎 인부지이불온 불역군자호

남들이 알아주지 않아도 성내지 않으면

군자가 아니겠는가?

# 탈출하려면 변신하라

프란츠 카프카 · 「변신」

박정수

# 어느 날 아침,
# 벌레로 변하다

프란츠 카프카(Franz Kafka, 1883~1924)의 「변신」은 세계에서 가장 유명한 단편소설 중 하나입니다. 간결함 속에서 강렬한 인상을 자아내는 단편소설의 묘미로 치자면 아마 「변신」이 으뜸일 겁니다. 「변신」은 이렇게 시작합니다.

어느 날 아침 그레고르 잠자가 불안한 꿈에서 깨어났을 때, 그는 자신이 침대 속에 한 마리의 커다란 해충으로 변해 있는 것을 발견했다. 그는 갑옷처럼 딱딱한 등을 대고 누워 있었는데, 머리를 약간 쳐들면 반원으로 된 갈색의 배가 활 모양의 단단한 마디들로 나누어져 있는 것이 보였고, 배 위의 이불은 그대로 덮여 있지 못하고, 금방이라도 미끄러져 내릴 것만 같았다.

「변신」 표지 1916년에 출간된 카프카의 소설 「변신」 초
판본의 표지이다.

　　멀쩡한 사람이 느닷없이 벌레로 변하다니 대체 무슨 소리일까요?
물론 소설이니까, 소설에서는 현실에서 일어날 수 없는 이상한 일도
일어나니까, 「변신」도 그런 환상소설 중 하나가 아닐까 하고 생각할
수 있습니다. 하지만 일반적인 환상소설은 비현실적인 사건이 일어
날 만한 배경을 깔아 놓거나, 현실적인 배경으로 이야기가 진행되다
가 초자연적인 사건을 슬금슬금 제시합니다. 하지만 「변신」은 첫 문
장부터 느닷없이 벌레로 변신했다고 합니다. 또 환상소설은 비현실
적인 사건이 일어난 이유와 그에 대한 인물의 반응에 초점이 맞춰지
는데 「변신」은 그렇지 않습니다. 그레고르 잠자는 잠시 "어찌된 일일
까" 생각하다가 곧이어 회사에 출근할 수 없게 된 걸 걱정합니다. 벌

레로 변한 꼴로는 기차를 탈 수 없기 때문입니다.

회사에 출근하지 못하면 어떻게 될까요? 회사에서 징계를 받겠죠. 아마 해고될 수도 있습니다. 그레고르에게는 걱정스러운 게 하나 더 있습니다. 가족을 부양할 수 없게 된다는 점입니다. 아버지가 실직한 후로 그레고르가 어머니, 아버지, 여동생 그레테의 생계를 책임지고 있었기 때문에 그가 직장을 잃으면 가족의 생계도 위태로워집니다.

그레고르가 평소와 달리 출근을 안 하자 아버지, 어머니, 여동생, 그리고 회사에서 온 지배인이 방문 앞에 모여듭니다. 그들의 성화에 그레고르는 간신히 고개를 들어 턱으로 문을 열었습니다. 어떻게 됐을까요?

그때 그는 지배인이 크게 "앗" 하는 소리를 들었고—그것은 마치 바람이 부는 소리와도 같았다—또 지배인이 문 바로 옆에 섰다가 손으로 벌린 입을 막으면서 보이지 않는 줄기찬 힘에 쫓기듯이 물러나고 있는 것을 보았다. 어머니는—지배인이 있는데도 그녀는 밤에 풀어 놓은, 곤두세워진 머리를 하고 있었다—합장을 한 채 아버지를 쳐다보더니 두 걸음 그레고르한테 다가오다가 둥그렇게 치마를 펼치면서 쓰러지고 말았다. 얼굴은 가슴에 묻혀 보이지 않았다. 아버지는 그레고르를 그의 방으로 도로 밀어 넣으려는 듯이 주먹을 쥐고 사나운 표정을 하더니 불안스레 거실을 둘러본 후에 두 손으로 눈을 가리고 튼튼한 가슴팍이 들먹일 정도로 울었다.

놀랄 만도 하죠. 어제까지 멀쩡하던 아들이 커다란 바퀴벌레로 변신한 걸 보고 안 놀랄 부모가 어디 있을까요? 그런데, 그런데 말이죠. 좀 이상합니다. 어머니는 기절까지 했는데 아버지는 어땠나요? 벌레로 변신한 아들을 방으로 도로 밀어 넣으려는 듯이 주먹을 쥐고 사나운 표정을 지었다고 합니다. 만약 어머니가 기절한 게 '사람은 벌레로 변신할 수 없는데 그런 일이 일어났으니 기절초풍할 노릇'이기 때문이라면 아버지도 기절까진 아니더라도 그에 준하는 놀라움을 표시해야 하지 않을까요?

그런데 아버지는 주먹으로 아들을 위협하는 제스처만 취합니다. 그렇다면 혹시 어머니가 그레고르를 보고 기절한 게 사람이 벌레로 변신한 비현실성 때문이 아니라 다른 이유 때문은 아닐까요? 이를테면 어느 날 중학교 다니는 아들이 "엄마, 실은 저 동성애자예요."라고 합니다. 그러자 어머니는 기절하고 아버지는 화를 냅니다. 어때요? 그레고르의 부모가 보인 반응과 딱 들어맞지 않나요?

사람이 바퀴벌레로 변신하는 기상천외한 환상소설인 줄 알았더니 가족 이야기였다고 실망할 필요는 없습니다. 가족의 속내야말로 기상천외한 사건이 벌어지는 환상 세계일지도 모르니까요. 카프카는 자기가 이 소설을 쓴 것은 아버지 때문이라고 했지요. 벌레로 변신하는 것과 아버지는 도대체 무슨 연관이 있는 걸까요?

# 유대인의 아들,
# 문학에 눈뜨다

카프카는 1883년 보헤미아의 수도 프라하에서 태어났습니다. 카프카의 집안은 대대로 보헤미아 남부의 지방 도시에 살아온 유대 민족으로, 할아버지는 정육점을 했습니다. 카프카의 아버지 헤르만 카프카는 고향을 떠나 프라하로 이주했습니다. 그는 장신구 가게를 하며 경제적 성공을 꿈꾸었습니다. 강인하고 독선적인 아버지에 반해 어머니 율리에는 온화하고 지적인 사람이었습니다. 카프카는 자신이 아버지보다 어머니를 닮았다고 생각했습니다. 카프카 아래로 다섯 명의 동생이 태어났지만 남동생 둘은 어릴 때 죽고, 카프카는 세 명의 여동생과 자랐습니다. 특히 막내 여동생 오틀라와 친하게 지냈습니다. 이 세 여동생은 나치에 의해 아우슈비츠 수용소로 끌려가 죽었습니다.

카프카 부모 강인하고 독선적인 아버지 헤르만 카프카(왼쪽), 온화하고 지적인 어머니 율리에 뢰비(오른쪽)이다.

아버지는 카프카를 독일계 소년학교과 독일계 김나지움, 독일계 대학에 보냈습니다. 당시 프라하 인구는 토착 체코 민족과 상류 독일 민족이 주를 이루고 카프카 같은 유대인들은 소수였습니다. 아버지는 카프카가 독일어를 쓰고 독일 민족의 문화와 부를 갖기를 원했습니다. 하지만 카프카는 아버지가 원하는 그런 야심 많은 아들이 아니었습니다. 김나지움에서 친하게 지낸 친구들도 주류 사회를 거부하는 사람들이었습니다.

김나지움 시절 카프카는 문학에 눈을 떴습니다. 대학에 진학해서는 독문학을 공부했고 막스 브로트라는 평생 함께할 친구를 만나 그의 도움으로 소설을 출판하게 되었습니다. 그렇다고 문학을 전공한 건 아닙니다. 카프카는 법학을 전공했습니다. 원해서가 아니라 아버지의 요구에 따라서. 졸업 후에는 '노동자 재해보험공사'에서 법률 자문 일을 했습니다.

문학과 법학, 어울리지 않는 이 둘은 카프카의 일생을 굴러가게 한 두 바퀴입니다. 한편으로는 아버지의 요구에 따른 법률가로서의 직장 생활이 있고, 다른 한편으로는 그것과 전혀 안 어울리는 문학의 세계가 있습니다. 카프카는 어느 한쪽도 포기할 수 없었습니다. 아버지가 원한 건실한 직업인의 삶도 버릴 수 없었고 자신이 원하는 문학도 포기할 수 없었습니다. 20세기 가장 위대한 작가로 꼽히지만 카프카는 전업 작가가 아니었습니다. 낮에는 일하고 밤에는 글을 쓰는 이중생활을 평생 지속했습니다. 그렇다고 직업과 문학 양편에 대해 어정쩡한 태도를 취한 건 아닙니다. 카프카는 문학에도 철저했고 직업 생활에도 철저했습니다. 어떻게 문학과 직업 생활을 병행하면서 양편 모두에 철저할 수 있었을까요? 아버지에 대한 카프카의 생각에서 그 답을 찾을 수 있을지 모릅니다.

**1906년의 카프카** 1906년 6월 카프카는 프라하 대학에서 법학 박사 학위를 받는다. 1908년부터 1922년까지 노동자 재해보험공사에서 일하며, 퇴근한 뒤에는 밤늦도록 글을 썼다.

# 아버지에게 드리는 편지

카프카의 소설들은 대단히 기괴하고 환상적이지만 그것은 카프카 자신의 삶을 느낀 그대로 묘사한 것입니다. 어떤 의미에서 카프카의 소설은 일기나 편지와 같다고 할 수 있습니다. 카프카는 일기도 많이 썼고 편지도 참 많이 썼습니다. 그리고 소설도 썼습니다. 그에게는 소설과 일기 사이에 근본적인 차이가 없습니다. 카프카는 소설이 허구를 꾸미는 것이라고 생각지 않고 편지나 일기처럼 자기 삶을 느낀 그대로 쓰는 것이라고 여겼습니다. 『아버지에게 드리는 편지』도 마찬가지입니다. 그는 이 편지를 마치 작품을 쓰듯 중편 분량으로 작성했으며 손수 교정까지 보았지만 아버지에게 보내지는 않았습니다. 이 편지, 혹은 작품은 카프카의 삶과 문학이 어디서 출발하고 어디로 귀결되는지 말해 줍니다.

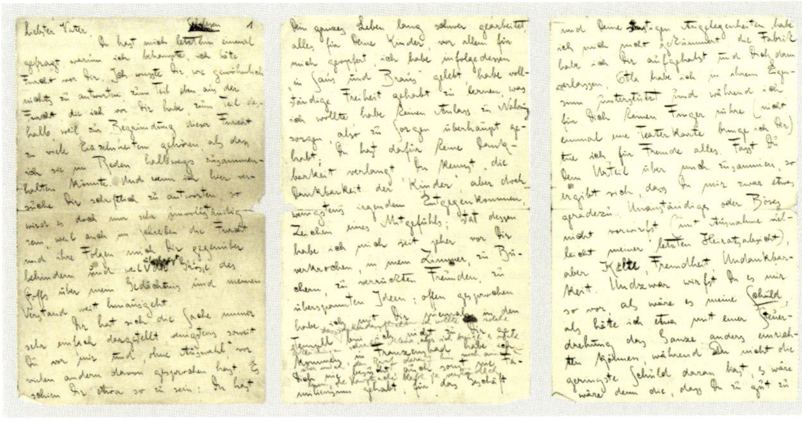

**아버지에게 드리는 편지** 카프카가 1911년에 아버지를 수신인으로 하여 쓴 편지의 일부이다. 그러나 실제로 보내지는 않았고, 1952년에서야 전문이 공개되었다.

이 편지는 아버지, 헤르만 카프카가 아들 카프카에게 어떤 존재였는지 상세하게 묘사하면서 시작합니다. 한마디로 아버지는 두려운 존재였습니다. 카프카는 너무 무서워 평생을 도망치려 했지만 결코 아버지로부터 벗어날 수 없다는 걸 깨닫고 한탄합니다. 도대체 카프카의 아버지는 어떤 사람이었을까요? 냉정하게 보면 헤르만 카프카는 평범한 아버지, 7·80년대, 아니 지금도 우리 사회에서 흔히 볼 수 있는 전형적인 가부장이었습니다.

아버지 입장에서 보면 오히려 카프카가 한심한 아들이었습니다. 자신은 가족을 위해 죽도록 일하는데 아들놈은 가게 좀 보라고 하면 차라리 죽어 버리겠다고 하고, 아버지에게 살가운 말 한마디나 진심 어린 선물은 고사하고 의례적인 인사 말고는 말도 섞지 않는 "차갑고

Kabinett der Bilder, 20
omas Huber, Schilderkabinet
zien    en met 30 januari 2005
schilderij. En in dat
weer een heleboe
te zien. Onde
t doe    staa
llen    ild
wit

낮설고 배은망덕한 놈"이었습니다. 그러면서 문학을 한답시고 딱 봐도 한심하기 그지없는 "독충" 같은 친구들하고만 어울리고, 집안 형편은 아랑곳 않고 도회의 바람난 여자나 시골의 가난한 집 딸과 결혼한답시고 떠들다 자기 멋대로 파혼해서 아비를 망신시키는 정말 돼먹지 못한 자식입니다. 강인하고 건실한 남자로 키우려 했더니 소심하고 우울하고 병약하고(결국 아버지보다 7년 먼저 병으로 죽습니다) 음험한 족속으로 커 가는 걸 보는 아버지의 속은 새카맣게 탔을 겁니다.

그럼 도대체 왜 이 까마귀('카프카'는 체코어로 까마귀란 뜻입니다) 부자는 같은 나무에서, 같은 세상에서 살 수 없는 사이가 되었을까요? 같은 세상에서 살 수 없다는 말은 괜한 소리가 아니라 카프카 스스로 한 말입니다.


때때로 저는 세계지도가 펼쳐져 있고 그 위에 아버지가 사지를 쫙 뻗고 누워 계신 모습을 상상해 봅니다. 그러면 마치 저한테는 아버지가 가리고 계시지 않거나 아버지의 손이 미치지 않는 지역만이 저의 생활공간이 될 수 있을 것처럼 여겨져요. 그런데 아버지의 우월한 체구를 떠올려 보면 그런 지역은 결코 많을 수 없으며 또한 별로 위안을 줄 만한 곳이 못 되지요.

—『아버지에게 드리는 편지』


우선 둘은 체격과 기질부터 다릅니다. 아버지 카프카는 어깨가 떡 벌어진 체격에 힘, 건강, 왕성한 식욕, 우렁찬 목소리, 유창한 말솜씨, 자부심, 끈기, 순발력을 갖춘 남자다운 남자였습니다. 반면에 아들 카프카는 깡마르고 허약하고 홀쭉한 체격에 성격은 예민하고 우울한 편이었습니다. 두 사람이 수영장에 함께 간 일이 있었는데 탈의실에서 옷을 벗었을 때 카프카는 아버지의 우람한 체격 앞에서 자신이 한없이 초라해지는 걸 느꼈습니다. 탈의실을 나와 아버지의 손을 잡고서 사람들 앞에 앙상한 뼈대를 드러낸 채 맨발로 불안하게 서 있던 자신의 모습이 커서도 또렷이 남아 있었습니다.

그런 열등감이 커지자 카프카는 자신을 세상에서 "아무것도 아닌 존재"로 여겼습니다. 이런 자괴감이 심해지면 병이 나기 마련입니다. 소화불량, 탈모, 척추측만 등에 대한 불안에 시달렸고, 불안은 점차 고조되어 마침내는 실제로 병이 나 버렸습니다. 카프카는 무슨 일에도 자신감이 없었고, 매 순간 자신의 존재를 새롭게 확인해야 했으나 자기만의 확실한 소유물, 오직 나만이 마음대로 할 수 있는 소유물이라곤 하나도 없다고 생각했습니다. 심지어 "가장 가깝게 느껴지는 제 자신의 몸조차도 확실치 않게 되었습니다."

카프카가 낯설게 느낀 아버지의 기질 중에는 왕성한 식욕이 있습니다. 아버지는 모든 음식을 걸신들린 사람처럼 허겁지겁 먹었습니다. 그래서 자식들도 서두르지 않으면 안 되었죠. 식탁에는 무거운 정적이 흘렀고 그 정적은 아버지가 간간이 던지는 경고와 재촉의 말들, "먼저 먹기나 하고 이야기는 나중에 해." "자, 빨리빨리, 더 빨리." 혹은 "자 봐라. 난 벌써 다 먹었다." 같은 말들로 깨어지곤 했습니다. 그래서일까요? 카프카는 채식주의자가 되었습니다.

아버지가 아들을 칭찬할 때도 있었습니다. 드물게 남자다운 모습을 보일 때, 예를 들어 제법 절도 있게 경례를 붙이고 씩씩한 걸음을 보일 때면, 아버지는 잘한다고 격려해 주었죠. 하지만 카프카는 군인이 될 아이는 아니었습니다. 또 카프카가 왕성하게 식사를 하거나 곁들여 맥주까지도 마실 수 있을 때, 혹은 무슨 뜻인지도 모르는 노래를 따라 부른다거나 아버지가 즐겨 쓰는 말들을 흉내 낼 때도 아버지의 칭찬을 받았습니다. 하지만 그런 것들도 카프카의 원래 성향과는 맞지 않는 것들이었습니다.

카프카에게 아버지는 무엇보다 절대적인 심판관이었습니다. 카프카의 뇌리에 깊이 박힌 유아기의 한 장면이 있습니다.

아버지께서도 아마 기억나실 겁니다. 어느 날인가 제가 한밤중에 일어나 물을 달라고 계속 칭얼대며 징징거린 적이 있었지요. 분명 목이 말라서는 아니었고 다분히 한편으론 아버지, 어머니의 화를 돋우기 위해서, 또 한편으론 그냥 이야기하고 싶어서였던 것 같아요. 몇 차례 호된 위협을 퍼부었으나 소용이 없자 아버지는 저를 침대에서 들어내 파블라취로 끌고 나가 그곳에 저를 한동안 속옷 바람으로 혼자 세워 두셨지요. 아버진 그동안 문을 닫아걸고 들어가 계셨고요.　　　　　　─『아버지에게 드리는 편지』

생각해 보면 카프카 아버지의 행동이 그리 예외적인 건 아닙니다. 요즘에도 떼쓰는 자식을 베란다나 화장실, 혹은 작은 방에 잠시 가둬 놓는 부모가 있지요. 하지만 카프카에게 그 일은 정신분석적인 용어 로 '트라우마', 즉 지워지지 않는 상처가 됩니다.

아마 그 후 저는 고분고분해졌겠지요. 하지만 그로 인해 저는 내 면의 상처를 갖게 되었습니다. 한밤중에 물을 달라고 졸라 댄다 는 것이 터무니없게도 보이지만 저로서는 너무도 당연한 일이었 다는 것, 그리고 그만한 일로 집 밖으로 내쫓겨야 한다는 것을 어떻게 연결시켜야 할지를 몰랐습니다. 그로부터 몇 년이 지나 고 나서까지도 저는 고통스러운 관념 속에 시달려야 했습니다. '어느 날 밤 거인의 모습을 한 아버지가 느닷없이 최후의 심판관 이 되어 나타나서는 나를 침대에서 들어내 파블라취로 끌고 나 갈 수도 있다. 그만큼 나란 존재는 아버지한테 아무것도 아닌 존 재이다.'라는 관념이겠지요.　　　　　　　　—『아버지에게 드리는 편지』

느닷없이 침대에서 들어내 베란다(파블라취)로 끌고 나가는 장면은 「선고」라는 카프카의 또 다른 소설에서 "넌 악마 같은 인간이었어. 그러니까 알아 둬. 나는 지금 너에게 빠져 죽을 것을 선고한다."와 거 의 같습니다. 느닷없이 집 밖으로의 추방을 명령하는 아버지, 카프카 에게 그건 세계 바깥으로의 추방, 즉 죽음을 선고하는 것처럼 느껴졌

영화의 장면 카프카와 카프카 소설의 등장인물을 독특하게 엮어 만든 영화 「카프카」의 한 장면(왼쪽)
과 카프카의 소설 『심판』을 영화화한 작품의 한 장면(오른쪽)이다.

습니다.

아버지의 심판은 카프카의 소설 전반에 나타나는 심문과 심판 장
면들에서 반복됩니다. 법정에서, 낯선 성에서, 유형지에서, 배 위에
서, 회사에서, 여관에서 심문과 심판은 느닷없이 시시각각 일어납니
다. 이 무수한 심판의 현장에서 카프카는 어린 시절 아버지의 심판을
떠올립니다. 거기서 아버지는 세상의 모든 일을 심판하는 절대 권력
자의 형상으로 되돌아옵니다.

아버지가 카프카에게 가끔 화가 나서 "널 생선처럼 토막 내 버릴
테다."라고 위협했을 때, 카프카는 아버지는 능히 그럴 수도 있는 분
이라고 생각했습니다. 아버지가 아들을 붙잡기 위해 고함을 지르며
식탁 주위를 이리저리 뛰어다녔을 때 카프카는 정말 무서워했습니

다. 아버지는 분명 잡을 마음이 전혀 없었고 잡아도 은총을 베풀어 풀어 주었지만, 그때 카프카가 느낀 건 자신의 목숨이 아버지가 허락해 준 과도한 선물이라는 겁니다.

카프카에게 아버지는 "세상의 모든 사물들의 척도"였습니다. 그런데 그 척도는 정해진 기준과 원칙에 따라 심판하는 척도가 아니라 모든 일에 대해 무차별적으로 죄를 부과하는 척도입니다. 심지어 아무런 의견이 없는 경우에도 아버지의 침묵 앞에서 다른 사람들의 의견은 죄다 틀린 것이 되어야 했습니다. 그런 아버지 앞에서 카프카는 자신의 모든 생각과 행위가 유죄라고 느꼈습니다. "어린 시절 아이들이 꾀하는 온갖 하찮은 생각으로" 가슴이 부풀어서 아버지에게 털어놓으면 아버지는 "조소 섞인 한숨을 짓는다든가, 고개를 가로젓는다든가, 손가락으로 탁자를 탁탁 두드리는 것"만으로 카프카를 심판했습니다. 카프카가 모처럼 용기나 확신, 단호한 의지를 갖거나 혹은 이런저런 일에서 기쁨을 느낄 때 아버지가 그것에 반대하거나 그저 반대가 예상되기만 해도 얼마 못 가서 그런 생각들은 멈춰 버리곤 했습니다. 카프카가 하는 일이 무슨 일이건 거의 모든 경우에서 아버지의 반대가 예상되었으니까요.

# 변신을 이해하는 두 관점

아버지 얘기가 길어졌습니다. 하지만 「변신」을 이해하기 위해선 아버지에 대한 카프카의 두려움을 이해해야 합니다. 벌레로 변한 아들을 보자마자 주먹으로 위협하는 「변신」의 아버지는 카프카 자신의 아버지를 반영한 것입니다. 사람이 벌레로 변했다면 일단 놀라고, 그다음엔 어찌된 노릇인지 알아봐야 되지 않겠습니까? 그런데, 이 소설의 인물들은 그러지 않습니다. 왜 그럴까요? 흔하지는 않지만 사람이 벌레로 변하는 일도 더러 있고 거기에는 뭔가 신비한 힘과 뜻이 담겨 있다고 믿어서일까요?

사람이 벌레로 변신했다는 사건을 이해하는 관점에는 두 가지가 있습니다. 하나는 '사람'이라는 종種이 '벌레'라는 종으로 바뀐 것으로 이해하는 관점입니다. 신이나 마법사, 혹은 미래 과학자의 신비한 힘을 상정하지 않는다면 현실에서는 일어날 수 없는 현상이죠.

하지만 또 다른 관점에서는 얼마든지 가능한 일입니다. 사람이 벌레로 변신한 일을 '사건' 차원에서 이해하는 것입니다. 즉, 그래서 어떤 일이 일어났는지를 계속 묻는 관점이죠. 카프카는 바로 이 관점을 취했습니다. '어느 날 아침 그레고르가 벌레로 변한 자신을 발견했다.' '그래서 그는 회사에 출근하지 못하게 되었다.' '그래서 가족과 지배인이 걱정한다.' 또 '벌레로 변신하면 더 이상 사람들과 의사소통을 하지 못하게 된다.' '그래서 사회생활도 못 하고, 가족을 부양하기는커녕 대화도 할 수 없게 된다.' '그래서 버려진다.' 이처럼 카프카는 왜 사람이 벌레로 바뀌었는지 그 원인에 초점을 두지 않고 그렇게 변신할 때 일어나는 사건들에 초점을 맞춰 소설을 전개해 갑니다.

그레고르의 변신 사실이 알려진 후 곧이어 음식 얘기가 나옵니다. 벌레로 변한 그레고르는 무엇을 먹어야 할까요? 그레고르는 이상하게 매일 먹던 신선한 우유와 흰 빵 조각 냄새가 역겨워집니다. 대신 반쯤 상한 치즈와 야채 찌꺼기가 맛있습니다. 벌레로 변신했으니 당연히 입맛도 바뀌겠죠. 여기서 상한 음식을 갖다 준 사람이 여동생 그레테라는 점을 눈여겨봐야 합니다. 가족들 중에서 그레고르의 변신을 가장 먼저 받아들이고 식성의 변화까지 알아차린 사람, 「변신」의 그레테는 카프카의 막내 여동생 오틀라를 연상시킵니다.

카프카가 가장 사랑했던 여동생 오틀라는 카프카의 채식주의에 공감하여 자신도 채식주의자가 되어 시골에서 농장을 일구었습니다.

「변신」에서 그레고르의 식성 변화는 카프카의 채식 생활을 연상시킵니다. 지금이야 채식주의자가 많지만 당시에는 채식주의자가 드물었습니다. 육식 문화가 주류인 데다 세계대전으로 유통망이 끊겨 야채 가격이 엄청 올랐기 때문에 채식 생활을 한다는 건 무척 힘든 일이었습니다. 인간다운 생활을 포기하는 거나 거의 마찬가지죠.

그레고르의 변신에서 식성의 변화는 생각보다 중요한 의미를 갖고 있습니다. 변신이란 문자 그대로 '몸이 변하는 것'입니다. 몸의 변화를 이해하는 데도 두 가지 관점이 있습니다. 하나는 몸의 '형태'가 바뀌는 것이고, 또 하나는 몸의 '감각'과 '행동'이 바뀌는 것입니다. 카프카는 그레고르가 변신한 벌레의 형태에 그다지 주목하지 않습니다. 소설을 끝까지 읽고 나서도 우리는 그 벌레가 구체적으로 얼마만 한지, 어떻게 생겼는지 알지 못합니다. 대신 가느다란 다리를 움직여 기거나, 머리를 쳐들거나, 턱으로 문을 열거나 하는 따위의 행동 방식과 음식 냄새에 대한 감각의 변화는 자세히 묘사되어 있습니다.

쉽진 않겠지만 몸의 형태와 행동 및 느낌을 떼어 놓고 생각해 봅시다. 그리고 어떤 존재의 본질을 규정하는 게 어느 쪽인지 생각해 봅시다. 형태일까요, 행동과 느낌일까요? 카프카는 후자라고 생각합니다. 예를 하나 들어 볼까요? 어른들의 속된 표현 중에 '개가 됐다.'는 말이 있습니다. 어떤 사람이 술에 만취해서 정신을 못 차리는 걸 일컫는 말입니다. 본질은 형태에 있다는 관점에서 보면 아무리 만취한 사람이라도 여전히 사람 모양을 하고 있으니, 그는 사람입니다. 개가 됐다는 건 비유일 뿐이죠. 하지만 행동거지와 느낌의 차원에서 보면 그는 개가 된 게 확실합니다. 즉 직립 보행을 못 하고 자꾸 네 발로 기어 다니고, 땅바닥에 주둥이를 처박고 뭔가를 뱉어 내고, 역겨움에 대한 감각이 무뎌지며, 아무 데서나 배설을 하고, 암컷만 보면 킁킁대며 들이대는 행동거지와 느낌은 개와 같습니다. 카프카의 관점에서 그는 비유로서의 개가 아니라 실제 개로 변신한 겁니다.

행동과 느낌이 바뀌면 관계도 바뀝니다. 사물과의 관계, 다른 사람과의 관계가 바뀌는 거죠. 벌레로 변신한 그레고르는 음식과의 관계뿐 아니라 방 안에 있는 침대, 소파, 장롱, 책상, 벽, 천장과의 관계가 바뀝니다. 침대는 그 위에서 자는 곳이 아니라 그 밑에 숨는 곳이 되고, 벽과 천장은 자유롭게 매달려 다니는 길이 됩니다. 장과 책상은 더 이상 쓸모없는 물건이 되죠. 그래서 여동생 그레테는 장롱과 책상 같은 쓸모없는 물건을 치우려 합니다. 하지만 어머니는 반대합니다. 그레고르의 변신을 인정할 수 없기 때문입니다.

가족은 아니지만 같은 집에 사는 파출부와 하숙인들의 반응은 특히 흥미롭습니다. 늙은 파출부는 벌레로 변한



**카프카 동상** 조각가 야로슬라프 로나가 만든 카프카의 동상이다. 카프카가 세상을 떠난 지 80주년이 되던 2004년 체코 프라하에 세워졌다.

그레고르를 보았을 때, 놀랍게도 별로 놀라지 않습니다. 이리저리 움직이는 그레고르를 보고 늙은 파출부는 "양손을 배 위에 얹은 채 멍하니 서 있기만" 했습니다. 그 후로도 열린 문틈으로 그레고르를 들여다보며 "이리 와 봐, 말똥벌레야!" "저 말똥벌레를 좀 봐요!" 하며 놀려 댔습니다. 생활비를 벌려고 들인 하숙인들의 반응은 더 재밌습니다. 여동생의 피아노 연주를 들으려고 방문을 열고 나온 그레고르를 보고 하숙인들은 "잠자 씨." 하고 아버지를 부르며 손가락으로 그레고르를 가리킵니다. 그러고는 집 안에 저런 게 있다는 사실을 알리지 않은 건 임대차 계약의 위반 사항으로, 자신은 즉시 방을 내놓을 것이고, 지금까지 살아온 하숙비도 내지 않을 것이라고 선언합니다.

이들의 반응은 그레고르 본인의 반응과 비슷합니다. 출근 걱정이 변신의 놀라움을 압도해 버린 것처럼 파출부와 하숙인들은 그까짓 벌레로 변한 게 뭐 대수냐는 듯이 사무적인 태도를 취합니다. 사실, 오늘날 우리 사회에서도 비슷하지 않을까요? 직장인이 어느 날 벌레로 변신한다면, 직장 상사는 어떤 반응을 보일까요? '어떻게 그런 일이?' 하며 잠깐 놀라긴 하겠지만 곧 '그럼 저놈이 할 일은 누가 하지? 새로 뽑으면 되겠지만, 아무튼 성가시게 됐어.'라고 생각하지 않을까요? 인정하긴 싫지만 그게 현대사회의 현실입니다. 사람과 동물, 사람과 기계 간의 차이가 현실에선 그리 중요하지 않습니다. 인건비가 싸면 동물이나 기계가 할 일도 사람을 시킵니다. 사람을 동물이나 기계 취급하는 일은 흔해 빠진 현실입니다.

찰리 채플린의 영화 「모던 타임즈」 보셨나요? 거기서 컨베이어 벨트에 매달려 미친 듯이 나사를 조이고 있는 사람들과 그에게 부품을 전달해 주는 기계 장치 사이에 무슨 본질적인 차이가 있을까요? 이 영화의 하이라이트는 컨베이어 벨트의 속도에 미쳐 버린 주인공이 기계장치 안으로 말려 들어가 유연하게 움직이는 장면입니다. 이 장면을 보고서도 인간과 기계는 다르며 인간이 기계의 주인이라고 생각하기는 참 힘듭니다. 인간이 기계처럼 일하고 쓸모없어지면 기계처럼 폐기될 때, 그는 영락없는 기계임을 인정해야 합니다. 단백질로 이뤄졌느냐 금속으로 이뤄졌느냐, 영혼이 있느냐 없느냐는 중요하지 않습니다. 다른 기계들과, 다른 사람들과, 다른 사물들과 맺는 관계 방식이 그의 존재 방식이고 그의 본질입니다.

그레고르의 변신도 이처럼 존재 방식의 변화로 이해해야 합니다. 그런데 많은 비평가들이 그레고르의 변신을 두고 진짜 벌레로 변신한 게 아니라 벌레처럼 대접받게 되었다고 해석합니다. 「변신」을 일종의 서사적 비유, 즉 알레고리로 보는 거죠. 실직당한 인간을 벌레 취급하는 현대사회의 인간소외를 알레고리로 표현한 작품이라고 여깁니다.

인간과 동물을 고정된 '형태'(신체의 형태든, 영혼의 형태든)로 구분하는 사람들에게 그레고르의 변신은 쓸모없는 존재가 되어 다른 사람한테 벌레 취급받게 되었다는 걸 비유합니다. 하지만 "사물을 언제나 흐르는 상태에서, 움직이는 상태에서, 변화로" 보는 카프카에게 그레고르는 문자 그대로 벌레로 변신한 겁니다.

그레고르의 변신이 벌레 취급받는 인간의 알레고리가 아닌 것은 「변신」의 스토리에서도 금방 드러납니다. 그레고르는 실직을 당하고 나서 벌레로 변신한 게 아니라 벌레로 변신했기 때문에 실직당하고 가족들한테서 버려진 것입니다. 또한 벌레로 변신한 그레고르는 이전으로 돌아가고 싶어 하는 게 아니라 이전의 직장 생활을 한탄조로 회고합니다.

'아아! 이렇게도 힘든 직업을 택하다니, 매일같이 여행이다. 이 일은 회사에서 하는 실질적인 일보다 훨씬 더 신경을 자극시킨다. 그 밖에 여행하는 고역이 있고, 기차 연결에 대해 늘 걱정해야 하며, 식사는 불규칙적이면서 나쁘고, 대하는 사람들은 항상 바뀌고 또한 진실한 것일 수도 없다. 이 모든 걸 악마가 가져갔으면!'

악마가 그랬는지 어쨌는지, 아무튼 벌레로 변신한 그레고르는 더 이상 고된 직장 생활을 할 수 없게, 할 필요가 없게 됩니다. 그래서인지 그레고르는 벌레로 변신한 것에 대해 괴로워하기보다는 빠르게 적응하면서 그럭저럭 만족합니다. 혹시 그레고르는 스스로 원해서 인간에서 벌레로 변신한 게 아닐까요?

# 슬그머니 탈출하다

카프카의 다른 소설에도 변신 이
야기가 많이 나옵니다. 「어느 학술원에 드리는 보고」에서 인간들한테
사로잡힌 원숭이는 우리에서 탈출하기 위해 사람 흉내를 냅니다. 얼
마나 완벽한 모방이었는지 나중에는 학술원에 자신의 경험을 보고할
정도로, 도저히 인간과 구별할 수 없을 정도로 완벽한 인간이 됩니
다. 인간으로 '변신'한 거죠. 그의 변신은 '갇힌 삶'으로부터 그가 찾
아낸 출구였습니다.

그레고르의 변신도 마찬가지로 볼 수 있습니다. 그를 가둔 우리는
'인간'적인 생활입니다. 톱니바퀴처럼 굴러가는 회사 생활, 진실할
수 없는 인간관계, 그레고르는 그런 인간의 삶에서 도망치고 싶었던
겁니다. 그렇다면 그를 직업 생활 속에 가둔 사람은 누구일까요? 바

로 '가족'입니다. 정확히 말하면, '아버지의 가족'입니다. 물론 아버지가 실직했으니 아들이 가족을 부양하는 게 뭐가 나쁘냐고 할 수 있죠. 또 억지로 시킨 일이 아니라 가족을 위한 마음에 스스로 선택한 직장 생활이라고 할 수도 있습니다. 맞습니다. 하지만 그레고르, 혹은 카프카는 가족에 대한 책임감과 애정이야말로 가죽으로 된 채찍보다 강하게 자신을 직장 생활로 내몬 채찍이었다고 여깁니다. 앞에서 카프카가 법학을 전공하고 보험회사에 취직한 것은 모두 아버지 때문이라고 했던 것 기억납니까? 『아버지에게 드리는 편지』에는 자신을 아버지의 발에 밟힌 벌레로 묘사하는 대목이 있습니다.

    저의 글쓰기 일과 아버지께서는 모르시는 그와 연관된 일에 대

해서는 아버지의 혐오가 비교적 합당했습니다. 그 일을 할 때 저
는 아버지한테서 벗어나 실제로 어느 정도의 독립을 누릴 수 있
었지요. 비록 꼬리 부분이 발에 짓밟힌 채 몸을 빼내려고 머리
부분으로 용을 쓰다가 간신히 조금 옆으로 몸을 옮길 수 있게 된
벌레의 모습이 연상되긴 했지만 말입니다.

아버지의 발에 밟힌 채 몸을 빼내려고 용을 쓰는 벌레라니! 아버지
에 대한 두려움이 얼마나 컸으면 자신을 이렇게 묘사했을까요. 그 두
려움의 책임이 누구한테 있는지는 모르겠지만 어쨌든
카프카는 아버지의 세계에서 탈출할 출구를 찾으려 했
습니다. 결혼을 하면 독립을 할 수
있을 것 같아서 두 번이나 약혼했
지만 끝내 포기하고 말았습니다.
또 멀리 팔레스타인 땅에 이주할
까도 생각했지만 그 역시 포기합니다. 왜?
이 세상에 아버지의 손이 미치지 않는 곳은 한
군데도 없다고 생각했기 때문입니다. 결혼을 해도
아버지가 살아 있는 동안에는, 아니, 돌아가시고
나도 한 가정의 가장이 되고 누군가의 아버지가 된
카프카 자신의 마음속에 아버지의 그림자가 드리워
져 있을 것이고, 그런 사정은 팔레스타인으로 이주

해도 마찬가지라 여긴 거죠.

그런데, 카프카는 드디어 아버지의 세계에서 벗어날 출구를 찾아 냈습니다. 그건 바로 문학, 즉 글쓰기였습니다. 카프카가 학창 시절 부터 문학에 눈을 뜨고, 취직하고 나서도 낮에는 직장 생활, 밤에는 글쓰기로 이중적인 생활을 할 때도 아버지는 몰랐습니다. 문학이 뭔 지, 글쓰기가 카프카에게 어떤 의미인지, 왜 돈도 안 되는 글을 쓰느 라 밤을 꼬박 새워야 하는지, 도대체 그게 뭐라고 자기 생을 문학에 바치겠다는 건지 아버지는 몰랐습니다. 카프카가 쓴 소설이 출판되 어 아버지에게 보여 줄 때마다 아버지는 보지도 않고 "침대 맡 탁자 에 올려놔라!"고만 했습니다.

그런데, 카프카는 그런 아버지의 무심함이 내심 기뻤습니다. 왜냐 하면 세상 모든 일을 다 알고 심판할 것 같던 아버지도 모르는 세계 가 있다는 걸 발견한 겁니다. 결혼 생활이나 이주 생활은 아버지가 잘 아는 세계이지만 글쓰기, 즉 문학의 세계는 "아버지께서는 모르시 는" 세계입니다. 카프카는 아버지의 시선과 손이 미치지 않는 문학의 세계로 탈출한 것입니다. 카프카에게는 글쓰기가 출구였던 겁니다.

글쓰기에 몰두하면서 카프카는 점점 인간에서 벌레로 변신합니다. 아버지에게 보내는 편지에서 카프카는 글 쓰는 일을 할 때 "비록 꼬 리 부분이 발에 짓밟힌 채 몸을 빼내려고 머리 부분으로 용을 쓰다가 간신히 조금 옆으로 몸을 옮길 수 있게 된 벌레의 모습이 연상"된다 고 했습니다. 글쓰기에 몰입한 자신을 아버지의 세계에서 간신히 "조금 옆으로" 벗어난 벌레로 느낀 겁니다. 아버지 앞에 선 자신을 "아무 것도 아닌 존재"로 느낀다는 것으로 보아 '벌레'에 쓸모없는 존재라는 부정적인 어감이 담겨 있긴 하지만 카프카는 벌레로 변신하면서 일종의 해방감을 느낍니다. 왜냐하면 아버지의 세계, 가족의 세계, 나아가 아버지의 그림자가 드리운 인간세계로부터 조금 벗어났기 때문입니다. "조금 옆으로"라는 말은 물리적인 거리를 가리키는 게 아닙니다. 사실 카프카는 그 자리에 꼼짝 않고 머물러 있었습니다. 그렇지만 그는 아버지의 세계에서 탈출했습니다. 앉은 자리에서 슬그머니 탈출하기, 그것은 스스로를 변신시킴으로써 가능한 일이었습니다.

# 탈출하려면 변신하라

카프카는 아버지의 세계에서 탈출하고 싶어 했지만 아버지를 비난하거나 원망하진 않았습니다. 한 여인과 두 번이나 파혼했지만 가족생활 자체를 비난하지도 않았습니다. 24시간 글쓰기에만 몰두하고 싶어 했지만 직장 생활을 저주하지도 않았습니다. 인간세계로부터 벗어나고 싶어 했지만 인간을 미워하지도 않았습니다. 왜냐하면 자신은 그들과 다른 존재일 뿐 미워할 필요는 없기 때문입니다. 카프카는 편지에서 자주 "남들은 너무나 당연히 여기는 평범한 현실이 자신에겐 한없이 낯설고 신비롭다."라고 말하곤 했습니다. 마치 고등어가 수족관을 탈출하려는 게 수족관을 미워해서가 아닌 것처럼, 그저 금붕어와는 다른 기질 때문에 그런 것처럼 카프카는 아버지를, 가족을, 직장 생활을, 인간을 미워하지 않고 그저 자신의 생리대로 출구를 찾으려 한 겁니다.

미움 때문이 아니라 생리에 안 맞아서 어떤 세계로부터 탈출하고 싶을 때가 있습니다. 채식주의자는 육식을 즐기는 집단과 매일 같이 식사해야 하는 상황을 피하고 싶어 합니다. 체질적으로 폭력을 싫어하고 규율을 두려워하는 사람은 군대를 벗어나려 합니다.

그런데 이 기질이나 생리라는 것도 타고난 것만은 아닙니다. 어렸을 적부터, 청소년 시절에, 청·장년기에, 노년에 접어들어서 기질이 바뀔 수도 있습니다. 또 갑작스러운 충격이나 특정한 계기로 생각이 바뀌고 그에 따라 기질이 바뀔 때도 있습니다. 텔레비전 방송을 통해 대규모 공장제 축산업에서 닭과 소를 다루는 끔찍한 실태를 보고 나서 육식을 그만두는 게 그런 경우입니다. 사람의 몸과 마음은 서로 영향을 주고받기 때문에 생각이 바뀌면 의지에 따라 체질을 바꿀 수 있습니다. 카프카의 특이한 체질도 선천적인 게 아니라 청소년 시절 특별한 친구들과 사귀고 문학을 접하고 제1차 세계대전을 지켜보면서 생긴 겁니다. 그러면서 남들은 잘 적응하는 현실을 견딜 수 없이 낯설고 구속된 상황으로 느끼게 되고 그러면서 남들과 다른 방식으로 느끼고 생각하는 존재가 된 겁니다.

살다 보면 여러 가지 구속된 상황에 빠질 때가 있습니다. 남들은 괜찮게 지내는데 자신은 못 견디게 갑갑할 때도 있습니다. 어떻게 하면 그런 갇힌 생활에서 벗어날까 고심할 때도 있습니다. 카프카의 「변신」은 그럴 때 우리에게 의미심장한 교훈을 줍니다. 꼭 물리적인

탈출이 아니어도 괜찮다고, 아니, 물리적인 탈출은 진정한 탈출이 아
닐 때가 많다고, 오히려 그 자리에 머문 채 슬그머니 탈출하는 방법
이 있다고 말해 줍니다.

　머문 자리에서 탈출하기, 그러기 위해선 변신해야 합니다. 변장을
하라는 게 아닙니다. 몸의 형태를 바꾸라는 게 아닙니다. 카프카에게
변신이란 욕구가 바뀌는 것이고, 감각이 바뀌는 것이고, 기질이 바뀌
는 것입니다. 그러면 사물과의 관계가 바뀌고 타인과의 관계가 바뀝
니다. 그런 관계의 변화 속에서 자신의 변신이 세계의 변신과 함께
하고, 자신의 탈출이 세계의 탈출과 함께합니다.

◉

어느 날 아침 그레고르 잠자가 불안한 꿈에서 깨어났을 때,

그는 자신이 침대 속에 한 마리의

커다란 해충으로 변해 있는 것을 발견했다.

그는 갑옷처럼 딱딱한 등을 대고 누워 있었는데,

머리를 약간 쳐들면 반원으로 된 갈색의 배가

활 모양의 단단한 마디들로 나누어져 있는 것이 보였고,

배 위의 이불은 그대로 덮여 있지 못하고,

금방이라도 미끄러져 내릴 것만 같았다.

◉

# 내면의 지도를 작성하다

**장 자크 루소·『고백록』**

현민

# 내면에 귀를
# 기울인다는 것

내면은 밖으로 드러나지 않는 사람의 속마음을 말합니다. 반대로 외면은 겉으로 드러난 것들을 가리킵니다. 사랑을 받고 자라는 어린아이한테 내면이란 단어는 어울리지 않습니다. 아이의 욕구는 거리낌 없이 지지받고 충족되기 때문입니다. 아이는 자신과 주변 사람들을 마치 한 몸처럼 느낍니다. 그 사이에서 가림막이나 장애물이 생겨날 여지는 매우 적습니다. 그래서 순진무구하다는 표현을 사용할 수 있습니다.

우리가 내면이라는 단어를 사용할 때는 이미 외면과 경계가 생겨서 분리되었고 별도의 영역으로 구별할 수 있다는 사실을 전제하고 있습니다. 단순히 안팎보다는 좀 더 깊은 의미를 담고 있는 것입니다. 밖으로 전하지 못한 생각, 통하지 않는 느낌, 이루지 못한 소망이

**루소** 18세기 프랑스의 정치사상가이자 철학자, 소설가, 교육이론가, 음악가이다. 계몽주의자로 알려져 있지만 이성 못지않게 감성을 중요시하는 사상을 펼쳤다.

안에서 쌓이거나 맺히면서 내면은 만들어집니다. 내면이 생기는 것은 다른 사람, 주변 환경, 사회가 자신을 온전히 받아들이지 않기 때문입니다. 즉 내면은 실패와 불만족을 통해 만들어지는 영역입니다.

장 자크 루소(Jean-Jacques Rousseau, 1712~1778)의 『고백록』은 내면에 대해 이야기하는 책입니다. 세상을 떠난 뒤에는 프랑스혁명에 불을 지핀 『사회계약론』의 저자로 유명세를 떨치지만, 정작 생전의 루소에게서 혁명가다운 면모를 찾아보기란 쉽지 않습니다. 오히려 루소는 나약하고 소심했으며, 사람들과 관계를 맺는 데 서툴렀습니다.

루소는 평생 사람들과 소통이 되지 않고 오해를 받는다는 느낌에 시달렸습니다. 태어나서부터 죽을 때까지 많은 것들이 루소를 방해

『고백록』 『고백록』의 초판본(왼쪽)과 영어 번역본(오른쪽). 『고백록』은 2부 12권으로 되어 있으며, 제1부(6권, 1782년 출간), 제2부(6권, 1789년 출간) 모두 루소가 죽은 후에 출간되었다.

하고 괴롭혔습니다. 말년의 루소는 자신의 인생을 돌아보면서 그것들을 잊으려 하는 대신 그 의미를 곱씹어 보았습니다. 루소는 과거를 이해하려고 애쓰면서 '내면'이라는 의미심장한 영역을 발견했습니다. "내 고백록의 본래 목적은 내 삶의 모든 상황들에서 나의 내면을 정확히 알리는 것이다."(『고백록』 제7권)

물론 루소 이전에도 막막하거나 답답한 느낌에 시달리는 사람들은 있었습니다. 그러나 그 느낌에 특별한 의미나 가치를 부여하지는 않았습니다. 훌훌 털어 버리는 사람과 끙끙 앓는 사람의 차이가 있을 뿐이었습니다. 그런 것들은 그냥 누구나 살면서 겪는 일에 불과했습니다. 따로 글로 기록할 만한 내용이 아니라고 여겨졌습니다. 루소의

『고백록』은 그 사소하고 쓸모없어 보이는 일들을 낱낱이 드러내고, 파헤치고, 따라가고, 맞춰 보는 방식으로 서술된 이야기입니다.

루소의 작업을 통해 비로소 내면은 복합적이고 입체적인 모습으로 나타납니다. 그리고 우리는 그 내면을 통해 한 사람의 성격이 형성되는 계기와 과정을 알 수 있습니다. 루소는 신분으로 나뉘었던 각기 다른 종류의 인간들에게 내면이라는 평등한 속성을 부여함으로써 인간 일반을 이해하고 탐구할 수 있는 길을 마련했습니다. "이 저작은 이제부터 꼭 시작해야 할 인간 연구를 위한 최초의 비교용 원본으로 사용될 수 있습니다."(『고백록』 1부의 머리말) 고귀한 신분이 아니어도 맨 얼굴의 인간이 얼마만큼 심오한 존재인지를 밝혀낸 것입니다.

루소가 『고백록』에서 가감 없이 드러냈던 유년 시절의 죄책감, 수치심, 성적 욕망 등이 인간을 이해하는 데 핵심적인 요소라는 것은 오늘날 상식이 되었습니다. 이를 연구하는 분야가 심리학이나 정신 분석이라는 학문으로 싹을 틔우는 것은 『고백록』이 출간되고 백여 년의 세월이 흐른 후의 이야기입니다.

# 내면의 풍경을
# 들여다보기

**어머니의 죽음에 대한 죄책감**

장 자크 루소는 1712년 6월 28일 제네바에서 태어났습니다. 어머니 쉬잔 베르나르는 루소를 낳고 9일이 지나서 고열로 죽습니다. 분만할 때 생긴 상처가 균에 감염되어 병으로 번졌다고 합니다. 이때 어머니의 나이는 39세였습니다. 하나의 생명을 다른 생명으로 맞바꾸는 것처럼, 루소가 세상에 나오자마자 어머니는 세상을 떠났습니다. 출발부터 애꿎은 운명입니다. 루소의 탄생에는 죽음이 배어 있었습니다. 루소는 자신의 탄생이 '비극적인 결실'이자 '최초의 불행'이라고 합니다.

나는 (…) 비극적인 결실이었다. 열 달 후에 나는 허약하고 병든 상태로 태어났다. 어머니는 나로 인해 생명을 잃었고, 그래서 나

의 출생은 내가 겪게 될 불행들 중 최초의 불행이었다. (…) 아버
지가 나를 껴안을 때마다, 당신의 깊은 탄식과 발작적인 포옹에
서 애정의 표시에 뒤섞인 사무치는 아쉬움이 깃들어 있음을 느
꼈다.

— (제1권)

아버지 이자크 루소는 시계 제조업자였습니다. 현재 남아 있는 아
버지의 초상화와 루소의 초상화를 비교해 보면 루소는 아버지의 긴
코를 물려받았습니다. 하지만 아버지의 눈에 어린 루소는 그렇게 보
이지 않았나 봅니다. 아버지는 루소를 통해 아내의 닮은꼴을 볼 수
있다는 기쁨과 아내가 세상에 없다는 상실감을 동시에 느꼈습니다.
"아, 그녀를 돌려 다오. 그녀를 잃은 나를 위로해 다오. 그녀가 내 영
혼에 남겨 놓고 간 이 빈자리를 채워 다오. 네가 단지 내 아들이기만
하다면 이렇게 너를 사랑하겠느냐?"(제1권) 아버지는 루소를 안고 한
탄했습니다.

루소의 탄생에 죽음이 배어 있던 것처럼, 아버지의 애정에는 '탄
식'과 '아쉬움'이 깃들어 있었습니다. 애정은 애정의 자리를 온전히
차지하지 못했습니다. 그래서 루소는 아버지가 자신을 있는 그대로
사랑해 준다는 느낌을 받지 못했습니다. 아버지는 자꾸 루소 앞에서
어머니에 대해 이야기하면서 눈물을 흘렸습니다. 자기는 얼굴도 목
소리도 기억하지 못하는 어머니이기에, 아버지의 행동이 당혹스럽기
도 했습니다.

**루소와 아버지** 어머니가 루소를 낳다 세상을 뜬 뒤 루소는 아버지와 고모와 유모의 손에 자랐다. 시계공이었던 아버지가 일을 하고 있을 때, 어린 루소는 책을 읽었다. 『고백록』에 실린 모리스 를루아르의 삽화이다.

그렇지만 루소는 아버지를 원망하거나 아버지가 나쁜 사람이라고 생각하지는 않았습니다. 그럴 수 없었습니다. 루소의 아버지는 다정다감한 사람이었기 때문에 아내를 더 잊을 수 없었습니다. 누구나 사랑하는 사람을 잃은 상실감을 회복하려면 시간이 걸리는 법입니다. 다만 어린 루소가 이해하기에는 복잡한 상황이었습니다. 그래서 루소는 어머니의 죽음이 자신의 잘못 때문이라는 죄책감을 느꼈습니다. 설명할 수 없고 해소하기 곤란한 감정이 루소의 마음속에 자리를 잡기 시작했습니다.

루소가 열 살이 됐을 때, 아버지는 전역한 프랑스 육군 대위와 결투를 벌여서 감옥에 갇힐 위기에 처했습니다. 아버지는 니용이라는 작은 도시로 도망을 치면서 루소를 외삼촌 댁에 맡겼습니다. 외삼촌에게는 루소와 동갑내기인 아들 아브라함이 있었습니다. 외삼촌은 루소를 사촌 아브라함과 함께 개신교 목사가 가르치는 기숙학교로 보냈습니다. 목사의 여동생 랑베르시에 양이 함께 기숙학교를 운영하고 있었습니다. 지금처럼 건물이 있고 체계가 갖춰진 학교는 아니었습니다. 목사의 집에서 먹고 자면서 공부하는 식이었습니다. 여기서 루소가 잊지 못할 두 번째 사건이 일어납니다.

> 처벌을 받은 후에는 실제 당하고 보니 예상했던 것보다 덜 무섭다는 생각이 들었다. 그리고 무엇보다도 묘한 것은 이 벌이 그것을 가한 여인에 대해 훨씬 더 애정을 느끼게 만들었다는 것이다. (…) 아마 거기에는 어떤 조숙한 성적 본능이 섞여 있어서, 사실 그녀의 오빠에게 같은 벌을 받았다면 그것은 내게 전혀 즐겁게 여겨지지 않았을 것이다.　　　　　　　　　　— (제1권)

루소가 잘못을 저질러서 랑베르시에 양에게 엉덩이를 맞던 날이었습니다. 그런데 열한 살이 된 루소는 사춘기에 들어섰고 몸이 달라져 있었습니다. 더 이상 어린아이가 아니었습니다. 루소는 자신이 흠모

하던 랑베르시에 양에게 체벌을 당하면서 예상치 못한 발견을 했습니다.

나는 고통 속에 심지어 부끄러움 속에도 일종의 관능이 섞여 있는 것을 느꼈고, 그로 인하여 같은 손에 의해 다시 한 번 벌을 받기를 두려워하기보다는 오히려 더 바라게 되었기 때문이다.

— (제1권)

랑베르시에 양의 체벌은 그냥 고통이 아니었습니다. 고통은 쾌락이기도 했습니다. 손찌검은 관능이 뒤섞인 강렬한 자극처럼 느껴졌습니다. 이때 루소는 처음으로 자신의 성적인 욕망을 깨달았습니다. 하지만 착한 루소는 랑베르시에 양의 마음을 상하게 하고 싶지 않았습니다. 그래서 체벌을 당하려고 일부러 잘못을 저지르지는 않았습니다.

내가 체벌을 받을 만한 짓을 삼간 것은 오로지 랑베르시에 양의 마음을 아프게 만들까 두려워서 그랬던 것이다. (…) 그런데 내가 두려워하지는 않았지만 멀리했던 이러한 체벌을 받게 되는 일이 생겼다. 내 잘못은 없었다. 다시 말하면 내게 그럴 의도는 없었던 것이다. (…) 아마 그녀는 어떤 낌새를 보고 이러한 처벌이 그 목적을 달성할 수 없다는 것을 알아차렸던 것 같다. 우리들은 그때까지 그녀의 방에서 잤고 심지어 겨울에는 가끔 그녀의 침대에서 자기도 했다. 그런데 이틀 후에 사람들은 우리들을 다른 방에서 자게 해서 나는 그후 그녀로부터 다 큰 아이로 대접받는 정말 달갑지 않은 명예를 얻었다.　　　　　　—(제1권)

그런데 다시 체벌을 받는 일이 발생했습니다. 이때 루소의 몸은 반응('어떤 낌새')을 했습니다. 이 모호하게 처리되어 있는 부분을 두고, 루소를 연구하는 학자들은 루소의 성기가 발기했을 것이라고 짐작합니다. 랑베르시에 양은 그 발기를 눈치챘고, 졸지에 루소와 사촌 아브라함은 랑베르시에 양과 떨어져 다른 방에서 자게 됐습니다.

성인이 되고 유명해지자 루소에게는 나쁜 소문이 따라다녔습니다. 그 소문은 루소가 방탕한 생활을 해서 매독이라는 성병을 앓고 있다는 내용이었습니다. 루소가 『고백록』을 집필한 목적 중에는 이런 헛소문을 반박하기 위한 것도 있었습니다. 그럼에도 루소가 죽은 다음에 많은 사람들이 이 에피소드를 읽으면서 루소는 이상한 '변태'였다고 생각했습니다. 사람들은 고통 속에 관능이 있다는 것을 잘 납득하지 못했습니다. 그럴 수 있다 쳐도 그런 이야기를 공공연히 떠벌려서는 안 된다고 생각했습니다. 그러나 루소는 특이한 성적 취향을 뽐내기 위해 이 이야기를 쓴 것이 아닙니다. 루소는 앞뒤가 맞지 않아서 납득할 수 없는 경험에 대해 말하고 싶었습니다.

애초에 체벌의 원인은 다른 곳에 있었습니다. 루소의 발기는 그 과정에서 우연히 벌어진, 부차적인 사건이었습니다. 하지만 사람들은 루소가 저지른 행동이 아니라 어쩔 수 없는 몸을 문제 삼았습니다. 엉뚱하게 루소의 몸을 심판하고는 잘 지내던 방에서 쫓아냈습니다. 루소는 이런 일들이 황당했지만 아무도 이유를 설명해 주지 않았습니다. 왜인지 알 수 없지만, 자신의 몸이 부끄럽게만 느껴졌습니다. 자연스러운 몸의 반응이 수치심으로 뒤덮여 쉬쉬하고 감춰야 하는 것이 되었습니다. 다시 한 번, 알 수 없는 무언가가 마음 깊숙한 곳에 쌓였습니다.

## 저지르지 않은 잘못에 대한 처벌

기어이 결정적인 사건이 발생했습니다. 어느 날, 랑베르시에 양이 아끼던 빗이 몽땅 부러진 채로 발견됩니다. 루소가 혼자 공부하던 방에서 벌어진 일이었습니다. 루소 말고는 아무도 그 방에 출입한 적이 없었습니다. 루소는 결백을 주장하지만 받아들여지지 않았습니다. 영문을 알 수 없었습니다. 루소는 거짓말을 한 죄까지 보태져서 가혹한 처벌을 받게 됩니다. 억울한 나머지 이 처벌에선 어떤 관능도 느낄 수 없었습니다. 『고백록』을 쓸 당시 루소는 이미 노인이 되었지만, 당시의 혼란과 충격을 생생하게 기억하고 있습니다.

　지금은 이 사건이 일어난 지 근 50년이 지났고, 이제는 바로 그
　일로 다시 벌을 받을 염려는 없다. 그럼 좋다. 나는 하늘에 맹세

혼나는 루소 빚을 부러뜨렸다는 누명을 쓰고 추궁을 당하고 있다. 이 사건으로 루소는 마음에 큰 변화를 겪는다.

코 내가 그 일에 대해 무죄였으며, 그 빗을 부러뜨리지도 손도 대지 않았고, 그 벽에 가까이 가지도 않았으며 심지어 그런 생각을 해 본 적도 없었음을 선언한다. (…) 내가 느낀 것이라고는 자신이 저지르지도 않은 죄에 대한 무서운 형벌의 가혹함이 전부였다. 육체의 고통은 혹심했지만 거의 느껴지지 않았다. 나는 그저 분개, 격분, 절망을 느꼈을 뿐이다. (…) 이로써 내 어린 시절 인생의 평온함은 끝나고 말았다. (…) 겉으로는 같은 상황이었지만 실제로는 완전히 다른 존재양식이었다.　　　　　　　　―(제1권)

환갑에 가까운 사람이 50여 년 전의 억울함을 토로하는 모습은 여러 가지 감정을 자아냅니다. 애처롭기도 하고 조금 과장돼 보이기도 합니다. 여기서 루소는 '존재양식'이라는 특별한 표현을 사용하고 있습니다. 앞서 언급했던 사건들이 자신의 마음속에 아리송한 감정들을 차곡차곡 담아 두는 시간이었다면, 빗을 부러뜨린 사람으로 몰리면서 루소의 마음은 큰 변화를 겪습니다.

이날은 루소 자신이 느끼는 진실과 세상이 알아주는 진실 사이에 단단한 벽이 세워진 날이었습니다. 루소는 자신의 변화를 다음과 같은 문장으로 요약합니다. "나쁜 짓을 하는 것은 보다 덜 부끄럽게 여겼지만 꾸지람 듣는 것은 더 무서워했다."(제1권) 루소는 세상을 살아가려면 자신의 느낌보다 다른 사람들의 이목이 중요하다는 사실을 깨달은 것입니다. 여기서 우리는 내면이 형성되는 결정적인 계기를 관찰할 수 있습니다.

# 루소와 겨루는
# 자서전의 대가들

### 신과 합일하는 아우구스티누스

많은 사람들이 후대에 전하려는 목적으로 자신의 인생을 기록해서 글로 남겼습니다. 이런 종류의 글을 가리켜 보통 자서전이라고 합니다. 루소의 『고백록』도 자서전에 속합니다. 그러나 자서전이 언제 어디에서나 있었던 글은 아닙니다. 나와 부모, 이웃의 생활방식과 가치관이 비슷하고 태어날 자식도 마찬가지일 세계에서는 굳이 한 사람의 인생을 뚝 떼어 내서 기록으로 남길 필요가 없었습니다.

즉, 개인의 삶이 공동체와 긴밀하게 통합되어 있다면 자서전이라는 장르는 만들어질 수 없습니다. 그때 사람들은 개인의 이야기보다 집단의 가치를 공유할 수 있는 신화와 같은 민족의 이야기를 남겼습니다. 자서전이 탄생하려면 자신의 인생이 다른 사람들과 구별될 수 있는 실질적인 조건이 마련되어야 합니다. 자기 인생의 고유성이 없다면 아무도 굳이 그것을 남길 욕구나 필요성을 느끼지 못할 것입니다.

자서전의 모태는 신 앞에서 삶을 반성하고 죄를 고백하는 기독교의 전통에서 형성되었습니다. 장 자크 루소의 『고백록』보다 1,400여 년 앞서 같은 제목으로 나온 책이 있습니다. 기독교 신학의 체계를 세운 성聖 아우렐리우스 아우구스티누스가 쓴 『고백록』입니다. (참고로 세계의 3대 고백록으로 아우구스티누스, 루소와 더불어 19세기 러시아의 작가 톨스토이의 작품을 꼽습니다.) 제목은 같지만 아우구스티누스와 루소의 작품에는 큰 차이가 있습니다. 첫 페이지만 들춰 봐도 단적으로 드러납니다.

아우구스티누스의 『고백록』은 성경의 시편을 인용하면서 시작합니다. "오, 주님, 당신은 위대하시니 크게 찬양을 받으실 만합니다. 당신의 능력은 심히 크시고 당신의 지혜는 헤아릴 수 없습니다." 반면 루소는 첫머리에 로마의 시인 페르시우스의 시구를 끌어다 씁니다. "내면을 속속들이"라는 구절입니다. 하늘 높은 곳의 주님과 마음 깊은 곳의 내면, 두 책 사이에는 그 거리라고 할 만큼의 차이가 있습니다.

아우구스티누스는 자신의 내면을 다른 사람들에게 이해시키고 싶어서 『고백록』을 쓴 것이 아닙니다. 아우구스티누스의 『고백록』은 무엇보다도 신의 영광을 드높이기 위해 쓴 책입니다. 아우구스티누스가 과거를 돌아보고, 잘잘못을 반성하고, 깨달음을 얻는 과정은 신과의 관계 속에서만 의미를 갖습니다. 진실은 신 쪽에 있습니다. "내가

어떤 사람인지는 모르겠지만, 주여, 당신은 저를 꿰뚫어 보실 겁니
다."(아우구스티누스, 『고백록』)

궁극적으로 아우구스티누스의 『고백록』은 공동체의 가치(기독교)
와 화해하는 개인의 이야기를 담고 있습니다. 신을 믿기 전까지의 인
생은 방황하면서 죄를 지은 시기이고 신에게 의지하는 순간 자신의
고유성은 신 안에서 소멸됩니다. 자기 이야기를 하는 듯 보이지만 엄
밀히 따지면 진짜 주인공은 자기가 아닙니다. 본격적인 자서전이 등
장하려면 더 시간이 흘러야 합니다.


## 외면을 전시하는 프랭클린

영원히 변치 않을 것 같던 기존의 공동체가 해체되면서 자서전이라
는 장르가 탄생할 수 있었습니다. 공동체의 관습과 규범이 개개인의
삶을 더 이상 보살펴 주지 못한다면, 사람들은 각자의 방식대로 저마
다의 인생을 모색해야 합니다. 이는 내면이 성립할 수 있는 조건이기
도 합니다.

성직자, 귀족, 평민으로 구별되었던 중세 유럽의 신분제에 균열이
생기면서 이와 같은 일이 벌어졌습니다. 유럽은 근대라는 새로운 시
대로 접어들고 있었습니다. 루소가 태어난 시기이기도 합니다. 곳곳
에서 질서가 무너지는 징후가 나타났습니다. 두려움에 떠는 사람도
있었지만 역으로 해방감에 취하는 사람도 생겨났습니다. 모든 질서
에는 안전과 구속이라는 두 측면이 있기 때문입니다.

**아우구스티누스와 프랭클린** 아우구스티누스(왼쪽)는 신의 영광을 드높이기 위해 『고백록』을 썼고, 프랭클린은 성공의 노하우를 전수하려고 『자서전』을 썼다.

4세기 후반에 나온 아우구스티누스의 『고백록』은 당시의 관행에 비춰 보면 독특한 저작이었습니다. 그런데 아우구스티누스는 교부教父(기독교의 지도자)였습니다. 대단히 지위가 높은 사람이었습니다. 그 정도 지위에 있는 사람이면 좀 튀는 짓을 해도 납득이 됩니다. 하지만 이제부터는 전례 없는 현상이 대규모로 나타납니다. 신분제 사회에서 말없이 공동체를 떠받치던 사람들이 자신의 이름을 내세우고 글로 인생을 남기기 시작합니다. 특히 신분에 덜 얽매이게 되면서 자력으로 성공할 수 있었던 평민들이 기록을 남겼습니다. 이것은 나는 평민으로 태어났지만 성직자나 귀족에 뒤지지 않는다는 자신감의 표현이기도 했습니다. 신분만큼 능력이 중요해지기 시작했습니다.

우리는 그 대표적인 인물로 루소와 동시대에 살았던 미국의 벤저민 프랭클린을 꼽을 수 있습니다. 프랭클린은 1706년생으로 루소보다 6년 앞서 미국 보스턴에서 태어났습니다. 두 사람의 성장 과정은 비슷했습니다. 둘 다 제대로 된 교육은 얼마 받지 못했고 견습공 생활을 했습니다. 프랭클린은 기술을 배운 다음에 보스턴에서 도망쳤고 재빠르게 필라델피아에서 인쇄업자로 자리를 잡았습니다. 그리고 성공 가도를 달리기 시작합니다. 반면 루소는 아무 계획도 없이 제네바에서 도망쳤으며 그 뒤로 10년 동안 떠돌아다녔습니다. 루소는 38세가 돼서야 첫 저작『학문예술론』을 발표합니다.

프랭클린의『자서전』은 자수성가한 사람의 성공담입니다. 프랭클린은 프랑스어, 스페인어, 이탈리아어, 라틴어를 구사할 줄 알았습니다. 스토브, 피뢰침, 이중초점안경도 발명했습니다. 계획사업과 공공 토목공사를 조직했습니다. 소방서, 우체국, 도서관, 대학을 건립했습니다. 신문을 발행했고, 미국 독립선언문의 초안을 작성했습니다. 그는 언론인, 정치가, 외교관, 경제학자, 과학자, 철학자, 작가였습니다. 프랭클린의『자서전』을 읽으면, 우리는 프랭클린의 다재다능과 근면성실이 빚어낸 놀라운 성과에 대해 알 수 있습니다. 그리고 그 구체적인 노하우를 배울 수 있습니다.


나는 도덕적으로 완벽해지겠다는 계획을 세우고 있었다. 나는 어떠한 잘못을 범하는 일이 없는 완벽한 삶을 살고 싶었다. 또 타고났거나 친구들의 영향으로 생긴 습관들도 모두 올바르게 고치고 싶었다. (…) 조그만 수첩을 만들었다. 그런 다음 내가 정해 놓은 덕목들을 한 페이지에 하나씩 배당시켰다. (…) 그리고 그날그날 행동을 되짚어 보아서 과오가 있었다면 덕목과 날짜가 만나는 칸에 검은 점을 그려 넣었다.　　　　—프랭클린, 『자서전』

프랭클린이 제작한 수첩은 그의 성공과 더불어 엄청나게 유명해졌습니다. 지금도 이 수첩은 '프랭클린 플래너'라는 상품으로 인기리에 판매되고 있습니다. 프랭클린 플래너는 완벽한 인간이 되기 위한 열세 개의 덕목(절제, 침묵, 질서, 결단, 절약, 근면, 진실, 정의, 중용, 청결, 침착, 순결, 겸손)을 정하고 습관으로 만들려는 노력의 일환으로 만들어진 것이었습니다. 프랭클린에게 한 개인의 고유성은 자신을 극복하고 얼마만큼의 성취를 이룰 수 있는가에 달려 있었습니다.

프랭클린은 성공을 강조했고 실패를 제거하려 했으며 사회 속에서 외면화되는 자아상을 모범으로 제시했습니다. 프랭클린의 『자서전』은 읽는 사람에게 사회로 뛰어들어 모험을 하도록 부추깁니다. 당대의 사람들이 썼던 자서전의 내용도 프랭클린의 성취에 미치지 못했을 뿐이지 대개 프랭클린의 도식에서 크게 벗어나지 않았습니다. 즉, 대부분의 사람들은 밖으로 드러나는 부, 명예, 직업, 지위 등에 자신의 진정한 모습이 있다고 믿었습니다.

　그러나 우리는 프랭클린의 내면이 어땠는지에 대해서는 전혀 알수 없습니다. 반면 루소는 자신의 실패를 계속해서 곱씹습니다. 루소는 인간의 진정한 모습은 외면이 아니라 내면에 있고 인간의 가치는 본연의 모습을 잘 간직하는 데 있다고 생각했습니다. 이처럼 두 사람이 자신의 인생을 기록하는 방식은 완전히 딴판입니다. 프랭클린과 루소는 근대라는 시기에 전통적 공동체에 기대지 않고 살 길을 모색해야 했던 대조적인 삶의 유형을 보여 줍니다.

# 계몽주의에 반대하다

청년 루소도 파리의 사교계를 들락날락했던 적이 있습니다. 자신이 무엇을 원하는지 잘 알지 못했지만 성공하고 싶다는 막연한 야망이 있기 때문이었습니다. 루소처럼 배경이 없는 사람은 성공하려면 사교계에 출입하면서 인맥을 쌓아야 했습니다. 루소는 다양한 분야에서 열심히 노력한 끝에 점차 이름이 알려졌습니다. 그렇지만 사교계에 깊이 발을 들여놓을수록 사교계에서 요구하는 예의범절이 과장되었고 가식적이라는 사실을 알 수 있었습니다. 루소는 많은 사람들을 알게 됐지만 편안하지 않았습니다. 오히려 진정한 인간관계는 물론이고 자기 자신에게서도 멀어진다고 느꼈습니다.

내가 더 이상 마음대로 행동할 수 없으며 내게 조금도 어울리지
않는 소용돌이 속에 본의 아니게 끌려 들어가, 거기서 내 취향과
정반대되는 생활을 영위할 것이고 또 나 자신의 불리한 모습만
을 내보이게 될 것은 뻔한 일이었다.　　　　　　　　　—(제12권)


끊임없이 사교계를 드나들며 줄곧 다른 사람을 속이는 데 골몰
하는 사람은 어느 정도 자기 자신을 속이지 않을 수 없다. 그런
사람은 자기 자신을 연구할 시간이 있더라도, 자기 자신을 거의
알 수 없을 것이다.　　　　　　　　　　　　　　—「나의 초상」


루소는 결코 완벽한 파리 사람이 될 수 없었습니다. 그리고 차츰
자신이 무엇을 원하지 않는지 알게 됩니다. 1750년 첫 번째 저작『학
문예술론』이 프랑스 아카데미의 학술공모전에서 1등으로 당선이 되
자 루소는 성공에 도취되는 대신 결단을 내렸습니다. 여기서 루소는
프랭클린이 가는 길과 완전히 갈라섭니다.


프랑쾨유 씨는 뒤펭 부인을 비롯한 모든 사람들에게 가서 내가
미쳤다고 지껄여 댔다. 나는 그런 말을 하거나 말거나 흔들리지
않고 내 길을 갔다. 우선 몸치장부터 자기개혁을 시작했다. 금박
장식물과 흰색 긴 양말을 버리고, 가발도 둥근 것으로 하고 칼을
풀었다. 시계를 팔면서 나는 엄청난 기쁨을 갖고 중얼거렸다.

(…) 이렇게 나의 개혁이 완성된 다음 이제 그것을 굳건하고 지속적으로 만드는 것만을 생각했다. 그러기 위해서 아직도 세상 사람들의 판단에 얽매어 있는 모든 것, 남들의 비난이 두려워 그 자체로 선하고 도리에 맞는 것을 회피하게 만들 수 있는 것 일체를 내 마음에서 송두리째 뽑으려고 노력하였다.　　　　— (제8권)

18세기 유럽은 새로운 사회질서가 계몽의 이름으로 전파되는 과도기였습니다. 계몽주의는 기독교에서 요구하는 신앙이 아니라 인간의 이성과 능력에 진실이 있고 이를 기반으로 세상이 발전해야 한다는 사상이었습니다. 많은 사람들이 루소를 계몽주의자로 알고 있습니다. 사교계에 열심히 출입하던 한때 루소는 계몽주의에 몸을 담기도 했습니다. 그러나 루소는 당시에 이름을 떨쳤던 계몽주의자들과 자신이 잘 맞지 않는다고 느꼈습니다. 벤저민 프랭클린이야말로 프랑스의 계몽주의자들과 어깨를 나란히 하는 미국의 대표적인 계몽주의자였습니다.

사회화는 인간이 사회 속에서 살아가기 위해 필요한 교육이나 기술을 습득하는 과정이라고 정의할 수 있습니다. 하지만 개개인의 기질이나 각 사회의 성격에 따라서 사회화의 구체적인 양상은 다양할 수 있습니다. 어떤 사회냐에 따라 사회화는 한 개인에게 긍정적인 측면 못지않게 부정적인 영향도 미칠 수 있습니다. 사회는 그 구성원에게 희생을 강요하기도 합니다. 앞서 살펴본 것처럼, 프랭클린이 경험한 사회화는 다양한 수단을 통한 자기의 실현 과정이었습니다. 반면 루소에게 사회화는 불편함과 어색함을 감수해야 하는 소외와 상실의 과정이었습니다. 두 사람의 기질과 처한 환경의 차이가 다른 경험을 낳았습니다.

바로 앞의 글에서 루소가 말한 '자기 개혁'은 계몽주의자들과 거리를 두기 위해 루소가 취한 일련의 조치를 의미합니다. 루소는 금박 장식물, 흰색 긴 양말, 화려한 가발, 긴 칼로 자신을 장식한 채 사교계를 출입하는 것이 불편했습니다. 사교계에 출입하면서 신분제를 비판하고 새로운 세상을 거론하는 것이 옳지 않다고 느꼈습니다.

특히 사교계는 저마다의 사회적 영향력을 과시하는 자리였습니다. 가문이나 혈통을 뽐내는 귀족이나 능력과 성공을 자랑하는 계몽주의자나 루소의 눈에는 크게 다르지 않아 보였습니다. 신분제는 무너지고 있었지만 인간은 철저하게 외면화되어 자신의 바깥에서 진실을 찾고 있었습니다. 앞서 언급했던 프랭클린식의 자서전도 소위 잘난 사람들만 쓸 수 있는 것이었습니다. 하지만 루소는 진실은 능력이나 성취가 아닌 다른 곳, 내면에 있다고 생각했습니다.

내게는 꼭 하나 믿을 수 있는 충실한 길잡이가 있다. 그것은 내 존재의 연속성을 나타냈던 감정들의 연쇄, 그리고 감정들을 통해 그 원인이자 결과였던 사건들의 연속성을 나타냈던 감정들의 연쇄이다.　　　　　　　　　　　　　　　　　　　　　　　—(제7권)

# 낭만주의를 예언하다

루소는 계몽주의자들과 멀어지기 시작했습니다. 계몽주의자들은 지식이 많을수록 세상이 좋아지고 인간은 행복할 것이라고 확신했습니다. 그 대표적인 프로젝트가『백과전서』(백과사전)였습니다.『백과전서』에는 학문, 예술, 문화 등 모든 분야의 사항을 정리해서 온 세계를 책 속에 담겠다는 야심이 담겨 있었습니다. 청년 루소도『백과전서』의 집필에 참여한 적이 있습니다.

하지만 루소는 수십 권짜리『백과전서』를 완성한다고 해도 거기에 진실이 담길 것이라고 생각하지 않게 됐습니다.『백과전서』를 완성하기 위해 오랜 세월 매달렸던 동료들은 한심한 눈으로 루소를 바라보았습니다. 격식에 맞지 않는 옷차림을 하고 다니는 루소의 비판은 설득력이 없다고 생각했습니다. 고상한 척하는 루소의 모든 것이 못마

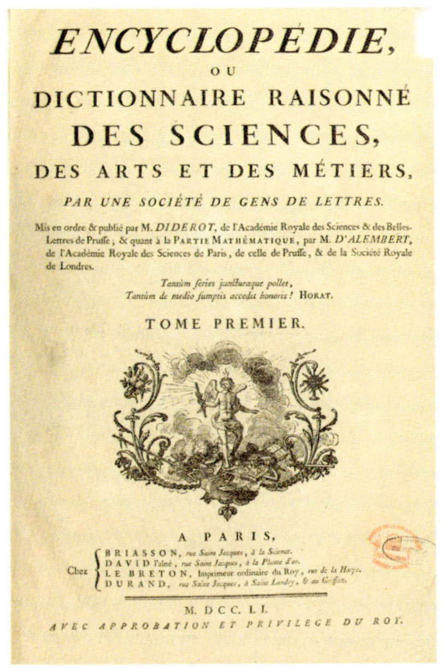

『백과전서』 18세기 계몽사상가들이 편찬한 백과사전이다. 『백과전서』의 표지(왼쪽)와 앞쪽에 실린 그림(오른쪽)이다. 그림은 진리가 뿜어내는 밝은 빛이 세상의 어둠을 걷어 내며, 이성과 과학이 진리가 베일을 벗도록 돕는다는 계몽주의 사상을 잘 보여 준다.

땅했습니다. 아랑곳하지 않고 루소는 계속해서 독자적인 목소리를 냈습니다. 루소의 확신은 내면에 근거하고 있었습니다.

> 진정한 행복이란 묘사할 수 있는 것이 아니라 느끼는 것이며, 묘사될 수 없는 그만큼 더 잘 느껴진다. 왜냐하면 진정한 행복이란 여러 사건들이 모여서 생기는 것이 아니라 지속적 상태이기 때문이다.
>
> — (제6권)

한마디로 말해서, 제게 필요한 종류의 행복은 원하는 것을 많이 하는 것이 아니라 원하지 않는 것을 하지 않는 것입니다. 저는 활동적인 삶에 전혀 유혹을 느끼지 않습니다. 제 뜻에 반하여 뭔가를 하는 것보다는 차라리 아무것도 하지 않는 편이 훨씬 더 마음에 듭니다.　　　　　　　　　　　　　―「말제르브에게 보내는 편지」

하지만 상황은 정반대로 나쁘게 돌아갔습니다. 친구들이 등을 돌렸습니다. 루소가 먼저 절교를 선언하기도 했습니다. 이상한 소문이 돌았습니다. 해코지하려는 사람도 있었습니다. 귀족과 성직자뿐 아니라 계몽주의자들도 루소를 적대시했습니다. 이 자리에서 루소가

겪었던 사건과 사고를 일일이 열거하기는 힘들지만, 이야기는 우울한 결말로 향하고 있습니다. 말년의 루소는 목숨을 부지하기 위해 이곳저곳으로 도망을 다녀야 했습니다.

> 그들에 따르면 나는 부도덕한 자, 무신론자, 미치광이, 광견병자, 야수, 늑대였다. (…) 나는 설교단에서 훈계를 받았고 '적敵 그리스도'라고 불렸으며, 늑대인간처럼 들에서 쫓겨 다녔다. 내가 입은 독특한 아르메니아식 옷차림은 하층민에게 표적 구실을 했다. (…) 어떤 집들 앞을 지나가면서 거기 사는 사람들이 "저 자를 쏘아 죽이도록 내 총을 가져오시오."라고 하는 말을 여러 차례 듣기도 했다.　　　　　　　　　　　　　　—(제12권)

안쓰럽게도 루소는 상황에 대처할 수 있는 능력이 없었습니다. 나이 든 루소는 세상 사람들이 자신을 감시하고 쫓아다닌다는 망상에 사로잡혀 방문을 걸어 잠그고 살았습니다. 자신의 인생이 완전히 실패했다고 느꼈습니다. "이제 이 세상에 나는 혼자다. 더 이상 형제도, 가까운 사람도, 친구도, 사람들과의 교제도 없고, 오직 나 자신뿐이다. (…) 만장일치로 추방된 것이다."(『고독한 산책자의 몽상』) 불운과 불행을 탓할 뿐, 후회는 적었습니다.

루소는 세상 사람들이 자신의 마음을 헤아려 주길 바랐지만, 살아 있을 때 『고백록』을 출간하지는 않았습니다. 『고백록』은 그의 사망

후 1782년과 1789년 두 차례에 나뉘어 출간됩니다. 인간의 진정한 모습이 내면에 있다는 루소의 통찰력은 루소가 죽고 한참이 지나서야 사람들을 사로잡기 시작했습니다. 계몽주의가 득세하는 만큼 계몽주의의 그늘에 회의를 느낀 사람들도 늘어났습니다. 능력이나 성공을 경쟁하기보다 느낌과 감정을 나누고 싶었던 사람들이 루소의 『고백록』에 주목했습니다. 그들은 내면의 중요성에 공감했습니다. 그리고 이러한 문제의식은 19세기 초에 낭만주의라는 이름으로 화려한 꽃을 피웁니다.

# 루소의 내면에 공감하기

루소의 또 다른 대표작 『에밀』을 언급하면서 글을 마무리하려고 합니다. 내면의 소리에 귀 기울일 줄 알았던 루소는 교육이 어른의 일방적인 가르침이 아니라 어린아이의 욕구에 바탕을 둬야 한다는 내용의 책도 썼습니다. 그전까지 교육이라고 하면 먹고사는 데 필요한 기술을 배우는 것에 지나지 않았습니다. 『에밀』은 어른이 아닌 어린아이의 입장에서 교육의 방법을 제시한 최초의 저작입니다. 근대 교육학의 효시가 된 『에밀』에는 다음과 같은 대목이 있습니다. "독서는 아이들에게 재앙이다." "당신 학생에게 강의는 그 무엇도 하지 말라. 경험을 통해서만 배워야 한다." 지금껏 열심히 읽었던 독자의 노력을 머쓱하게 만드는 문장들입니다.

지명을 외우는 식의 지리교육이 루소가 말하는 나쁜 교육에 해당

합니다. 루소는 이러한 지리교육은 모르는 것을 안다고 착각하게 만
들기 때문에 위험하다고 경고했습니다. 수많은 지명을 꿰고 있다고
해도, 한 고장의 거리에서 풍기는 냄새, 음식과 물의 맛, 거주하는 사
람들의 말투, 나무와 꽃의 색채를 떠올릴 수 없다면, 그 지식은
허황된 것이라는 주장입니다. 그때의 지명은 구체성을 상실
한 텅 빈 이름에 지나지 않습니다. 그래서 느낌이 없는 추상
적인 교육을 비판하기 위해 경험을 강조했습니다.

　나는 루소를 두고 18세기 사람이다, 제네바 출신이다,
계몽주의자다, 『사회계약론』을 썼다, 프랑스혁명의
사상적 기반을 마련했다는 식으로 줄줄이 설명하고
싶지 않았습니다. 루소는 학습해야 할 대상이 아닙
니다. 루소의 이력과 관련된 내용은 몰라도 상관이
없습니다. 심지어 장 자크 루소라는 이름을 잊어도
무방합니다. 대신 루소가 살면서 느꼈던 것들을
일부라도 나누고 싶었습니다. 그 점을 환기하고
싶어서 『에밀』의 구절을 빌려 왔습니다. 루소에
따르면 그것이면 충분하고 그것이야말로 진정 가치
있는 것입니다. 나 또한 그렇다고 생각합니다.

　루소는 그 귀중한 영역을 탐구하기 위해 자서전



**루소의 동상** 루소는 18세기에 통용되는 관념으로는 설명이 불가능한, 계몽주의와
낭만주의의 얼굴을 다 가지고 있었다. 이런 역설이 다른 사람들에게 모순이나 위
선처럼 보였기 때문에 굴곡진 인생을 살았다. 루브르 박물관에 있는 루소의 동상
이다.

『고백록』에서 '내면'이라는 용어를 사용했습니다. 차츰차츰 깨닫게 될 테지만, 어른이 되어 사회 속에서 살아가는 것은 꿈을 좇아가는 과정만은 아닙니다. 자기를 만들어 가는 과정이 자기를 잃어버리는 과정처럼 느껴질 때도 있습니다. 자신을 지키기 위해 큰 대가를 치러야 할 때도 생깁니다. 길을 잃었다는 막막한 느낌에 시달릴 때도 반드시 찾아옵니다. 그럴 때 우리는 진실에 대한 갈증에 시달립니다. 장 자크 루소는 그렇게 방황하고 번민하는 사람들이 자신을 돌아볼 수 있도록 내면이라는 자리를 마련해 두었습니다.

나는 사람들에게 줄 수 있는 새로운 종류의 도움을 생각하고 있다. 그것은 자기 자신을 아는 법을 배울 수 있도록 한 인간에 대한 충실한 이미지를 제공하는 것이다. ―「나의 초상」

내게는 꼭 하나 믿을 수 있는 충실한 길잡이가 있다.

그것은 내 존재의 연속성을 나타냈던 감정들의 연쇄,

그리고 감정들을 통해 그 원인이자 결과였던

사건들의 연속성을 나타냈던 감정들의 연쇄이다.

# 어둠 속에서 어둠의 모든 것을 보며 전진하라

루쉰 · 『아침꽃을 저녁에 줍다』

박정수

# 루쉰,
# 희망을 품은 자의 절망

루쉰(魯迅, 1881~1936)은 중국을 대표하는 문인이자 사상가입니다. 같은 시기 한국의 문인으로 치자면 이광수보다 더 유명하고, 사상가로 치자면 신채호보다 더 투철하다고 할 수 있습니다. 「광인일기」나 「아큐정전」 같은 소설이 세계적으로 유명하지만 '잡감雜感'이라고 부른 산문도 널리 읽힙니다. 1991년에 우리나라에 번역된 산문 선집 『아침꽃을 저녁에 줍다』는 지금까지 많은 이들이 즐겨 읽고 있습니다.

어느 시대든 청년들은 저마다의 절망을 안고 있습니다. 지금의 청년들도 마찬가지죠. 통계에 잡힌 것만으로도 한국의 청년 실업률은 10%에 육박합니다. 그나마 취직된 이들도 아르바이트나 비정규직, 계약직인 경우가 많습니다. 일자리도 불안정하지만 극심한 양극화로 인한 박탈감과 무한경쟁 속의 고립감으로 수많은 청년들이 절망에 빠집니다. 그래서인지 청년들을 위로하고 희망을 불어넣는 목소리가 많이 들립니다.

루쉰의 소설과 산문을 다시 꺼내 읽은 것도 이런 까닭입니다. 하지만 루쉰의 글은 청년을 위로하고 희망을 불어넣는 글과는 다릅니다. 그러기에는 루쉰의 글이 너무나 어둡습니다. 그의 글은 희망을 전하기보다는 절망에 대해 더 많이 이야기합니다. 절망은 빨리 떨쳐 버려야 할 것이 아니라 똑바로 쳐다보고 깊이 성찰해야 할 것이라고, 희망은 절망의 반대 방향이 아니라 절망을 뚫고 들어가는 끈질긴 발걸음으로 만들어진다고 루쉰은 말합니다.

루쉰은 일찍이 일본의 센다이 의학전문학교에서 유학을 했었습니다. 아버지가 병으로 일찍 죽었는데, 루쉰은 그게 고루하고 부패한 한의학 때문이라고 여겨 서양의학을 공부하려 한 겁니다. 하지만 그는 곧 의학전문학교를 자퇴했습니다. 생리학 수업 시간에 어떤 영상을 본 일이 학교를 그만둔 계기가 되었는데, 그 영상은 러일전쟁 때 군사정탐을 했다고 일본군에게 목이 잘리는 중국인들의 모습을 담은 영상입니다. 루쉰은 그 영상을 본 후 고쳐야 할 건 몸이 아니라 정신이라는 생각에 의학 공부를 그만두고 도쿄로 갔습니다.

당시에는 문학이 사람들의 정신을 바꾸는 데 큰 영향력을 갖고 있었습니다. 도쿄에서 루쉰은 『신생新生』이라는 문학잡지를 발간하려고 열심히 준비했습니다. 하지만 주위의 무관심과 동료들의 무기력으로 이 잡지는 창간조차 못 했습니다. 루쉰은 그때 느낀 절망감을 이렇게 기록했습니다.

> 한 사람의 주장이 남의 찬성을 얻으면 전진하는 데 힘을 얻고, 반대를 받으면 분발을 촉진한다. 그러나 낯선 사람들 속에서 홀로 외쳤는데 아무 반응이 없으면, 즉 찬성도 반대도 없다면 마치 끝없는 벌판에 홀로 버려진 듯 자신을 어찌해야 좋을지 모른다. 이 얼마나 큰 비애인가! 그 당시 내가 느꼈던 것은 적막이었다.
>
> ─「철의 방에서 외치다」

낯선 사람들 속에서 아무도 자기 말을 들어 주지 않을 때의 적막감, 그런 적막을 경험한 적 있나요? 의학전문학교 수업 시간에 중국인 동포가 처형당하는 영상을 볼 때 루쉰이 느낀 것도 그런 적막이었습니다. 환호하는 일본 학생들 사이에서 오직 자신만 어찌할 바 모르고 앉아 있는 중국인으로서의 적막감 말입니다. 「광인일기」에서 사람이 사람을 잡아먹는 엄연한 현실을 고발한다고 정신병자 취급받는 주인공이 느낀 것도 이런 적막이며, 「약」에서 민중을 위해 봉건제의 혁파를 외치다가 처형당한 혁명가와 그 혁명가의 심장에서 짜낸 피로 아들을 살리려 한 봉건적인 어머니 사이의 가깝지만 먼 거리에서도 이 적막을 느낄 수 있습니다. 그 적막은 단순히 조용함이나 고독함이 아닙니다. 신념을 가진 자가 그 꿈 때문에 주위 사람들에게 외

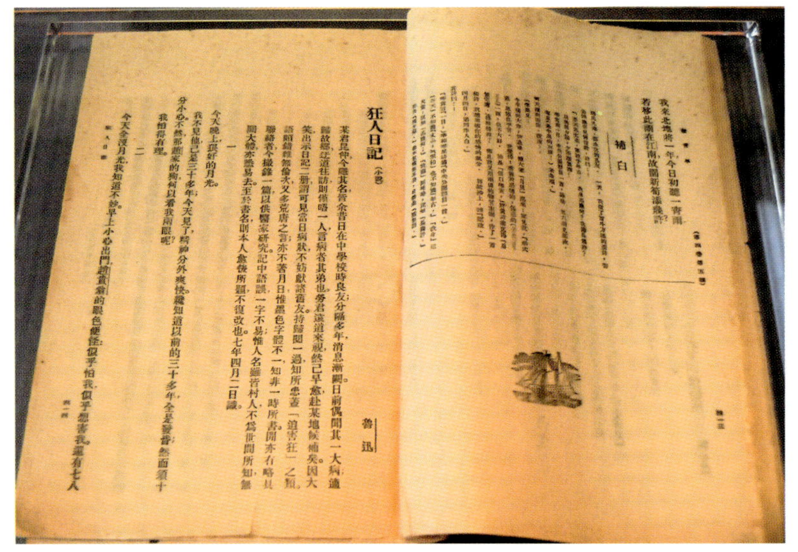

**루쉰의 작품** 잡지 『신청년』에 발표되었던 단편소설 「광인일기」(왼쪽)와 1963년 우리나라에 번역된 루쉰의 소설 선집(오른쪽)이다.

면당하는 그런 상태입니다.

　루쉰에게 절망은 이처럼 꿈을 품은 자가 영혼까지 적막해진 상태입니다. 단지 실패한 것도 아니고 비난받는 것도 아닙니다. 실패하면 다시 하면 되고 비난받으면 반성하거나 대거리하면 됩니다. 하지만 함께 소리칠 친구도 없고, 아무도 자신의 목소리에 반응하지 않는, 있는 거라곤 공허한 침묵뿐이라면? 그래서 희망의 씨앗이 자기 안에 한 톨도 남아 있지 않다고 생각되는 상태, 그런 적막함을 일컬어 절망이라 합니다.

# 꿈에서 깬 자의 고통

루쉰은 중국의 민중들이 고루함과 무기력을 떨치고 일어나 부패한 봉건제도를 없애는 꿈을 꾸었습니다. 그의 꿈은 혼자만의 꿈이 아니었습니다. 쑨원을 비롯한 수많은 사람들이 루쉰과 같은 꿈을 꾸었습니다. 루쉰의 유학 동료 중에는 그 꿈을 이루기 위해 혁명을 일으켰다가 무참히 처형당한 친구도 있습니다. 그런 무수한 희생 끝에 1911년 우창에서 시작된 봉기로 청 왕조가 무너지고 신해혁명이 일어났습니다. 하지만 신해혁명은 미완의 혁명이었습니다. 군사력을 가진 봉건 세력들은 잠시 위축되는 듯했지만 곧 새 정부에 참여해 권력을 키웠습니다. 또 혁명을 성공시킨 사람들은 한 번의 성공에 안주한 채 낡은 세력들을 척결하는 데 미온적이었습니다. 결국 쑨원을 밀어내고 권력을 잡은 위안스카이袁世凱와 군벌이 신해혁명의 성과를 뒤집고 혁명 세력을 학살하기 시작했습니다.

일본 유학을 마치고 고향에서 교사로 일하던 루쉰은 그런 현실에 절망하며 옛날 비문이나 베껴 쓰면서 스스로를 깊은 적막 속에 가두었습니다. 그때 『신청년』이란 잡지 편집을 하던 친구가 찾아와 비문은 베껴서 무엇에 쓰겠냐며 따지듯 물었습니다. 그러고는 자기와 함께 『신청년』을 만들자고 제안했습니다. 루쉰은 도쿄에서 잡지 『신생』을 만들려다 실패한 자신의 경험을 떠올리며 이런 우화를 들려주었습니다.

가령 말일세, 창문도 없고 절대 부술 수도 없는 철로 된 방이 하나 있다고 하세. 그 안에는 많은 사람들이 깊이 잠들어 있네. 머잖아 모두 숨이 막혀 죽겠지. 그러나 잠든 상태에서 죽어 가니까 죽음의 비애는 느끼지 않을 걸세. 지금 자네가 큰 소리를 질러 비교적 깨어 있는 몇 사람을 일으켜, 그 불행한 몇 사람들이 구제할 길 없는 임종의 고통을 겪게 한다면 도리어 그들에게 미안한 일 아닐까?　　　　　　　　　　　　　　　―「철의 방에서 외치다」

여기서 루쉰은 중국의 민중들이 처해 있는 상황을 철로 만든 방에 비유하고 있습니다. 그 방에 갇힌 사람들은 깊은 잠에 빠져 있습니다. 그 상태로 숨 막혀 죽는 게 나을까요? 아니면 사람들을 깨워 숨 막히는 고통과 임종의 공포를 맛보게 하는 게 나을까요? 다른 가능성이 없다면 참 난감한 질문입니다. 루쉰의 절망감이 얼마나 큰지 엿볼 수 있는 우화입니다. 물론, 루쉰은 친구의 말처럼 말과 글로 큰 소리를 쳐서 깊이 잠들지 않은 청년들을 흔들어 깨우는 쪽을 선택했습니다. 그리고 자신의 우화처럼 깨어난 자들에게 숨 막히는 고통을 맛보게 했습니다.

그 대가로 루쉰은 1928년 한 청년에게 편지 한 통을 받습니다. 그 청년은 루쉰의 글을 읽고 잠에서 깨어나 혁명의 길로 들어섰습니다. 그러나 세상은 뜻한 대로 바뀌지 않고, 그 청년은 장제스蔣介石가 이끄는 국민당에 쫓겨 가난에 허덕이고 비탄에 빠지게 되었습니다. 차라리 꿈에서 깨지 않았다면 남들처럼 잘 살 수도 있을 텐데, 잘 살지는 못해도 깨어난 자의 예민한 감성 때문에 곱절의 고통을 느끼지는 않을 텐데, 루쉰이 자신을 깨운 바람에 참기 힘든 고통을 당하고 있다며 하소연하는 편지입니다.


아무것도 모르던 때가 행복했습니다. 앎은 고통의 시작이었습니다. 이 독약을 저에게 먹인 것은 선생님입니다. 저는 정말 선생님 때문에 술에 담가졌습니다. 선생님, 제가 여기까지 이끌려 온 이상, 제가 가야 할 최후의 길을 가르쳐 주십시오. 그렇지 않다면, 제발 저의 신경을 마비시켜 주십시오. 아무것도 모르는 게 행복하니까요.　　　　　　　　　　―「앎은 고통의 시작이었습니다」

"술에 담가졌다."는 표현은 한 해 전 루쉰이 쓴 글 「저는 식인 파티를 돕고 있습니다」에 나온 '취하요리'의 비유를 두고 한 말입니다. 취하요리란 산 새우를 술에 담가 먹는 요리로, 새우가 푸들푸들 살아 꿈틀거릴수록 먹는 사람은 유쾌하고 흡족해합니다. 그 글에서 루쉰은 자신이 이 취하요리를 거들고 있는 셈이라고 말했습니다. 자신의 글로 청년들의 머리를 깨어나게 하고 그 감각을 예민하게 한 것까지는 좋았지만, 그 청년들이 정부의 탄압과 가난에 시달릴 경우 그들로 하여금 곱절의 고통을 맛보게 하고, 청년들을 증오하는 자들로 하여금 깨어난 청년들의 고통을 한층 더 즐기게 했다는 겁니다.

1924년 '노라는 집을 나간 뒤 어떻게 되었는가'라는 제목의 강연에서도 루쉰은 꿈에서 깨어난 자의 고통을 말했습니다. 노라는 노르웨이 작가 입센이 쓴 희곡 『인형의 집』의 주인공입니다. 노라는 이른바 행복한 가정에서 살고 있었습니다. 하지만 그녀는 자기가 남편의 인형에 불과했음을 깨닫고 집을 나갑니다. 루쉰은 그녀의 각성을 소중히 여기면서도 꿈을 깬 후의 고통에 대해 말합니다.


인생에서 가장 고통스러운 것은 꿈에서 깨어났으나 갈 길이 없는 것입니다. 꿈을 꾸고 있는 사람은 행복합니다. 아직 갈 길을 발견하지 못했다면, 제일 중요한 것은 그를 꿈에서 깨우지 않는 것입니다.　　　　　　　　　—「노라는 집을 나간 뒤 어떻게 되었는가」

꿈은 여러 의미를 담고 있습니다.
꿈에서 깨어나게 할 때의 꿈은 '미몽
迷夢', 즉 어리석은 마음 상태를 일컫
습니다. 노라의 경우는 남편의 보호 속
에서 인형처럼 사는 데 만족하는 상태
겠죠. 노라는 그런 인형의 집에서 여성 자신의
주체성은 찾을 길 없음을 깨닫고 과감히 집을
나가죠. 인형처럼 대상화된 삶이 아니라
주체적인 인간으로서 자기 삶에 대한 결정권을
자기가 행사하는 삶을 꿈꾼 겁니다. 이처럼 원하는
미래에 대한 꿈을 '희망'이라 부르죠. 미몽도 꿈이
고 희망도 꿈이라면, 노라는 꿈에서 깨어나 또 다른
꿈을 꾸게 되었다고 할 수 있습니다.

그런데 루쉰은 미몽에서 깨어나 희망을 갖
게 된 자의 고통에 대해 말합니다. 지금과 다
른 삶에 대한 희망은 현재의 고통을 더 예민
하게 느끼도록 한다는 겁니다. 예를 들어, 빨
리 좋은 대학에 입학해서 미팅도 하고 캠퍼
스의 낭만도 즐기고 싶다는 희망을 품은 고
등학생이 있다고 합시다. 꿈을 꾸고 있는 동
안 그는 행복하겠지만 현실로 돌아오면 꿈과

판도라의 상자 판도라는 호기심을 누르지 못
하고 온갖 고통의 씨앗이 든 상자를 연다. 존
윌리엄 워터하우스의 1893년 작품 「판도라」
이다.

대조되는 현실의 고통을 더욱 날카롭게 느낍니다. 희망 때문에 힘든
현실을 견딜 수 있다고 말할 사람도 있겠지만, 달리 보면 그 꿈 때문
에 현실의 고통을 참으며 받아들인다고 볼 수도 있습니다. 이른바
'희망고문'이라고 할 수 있습니다. 몽둥이도 아니고, 물도 아닌, 희망
으로 사람을 고문할 수 있다니, 참 끔찍한 말 아닌가요?

　희망에 대한 유명한 그리스 신화가 있습니다. 판도라의 상자 이야
기 아시죠? 제우스가 인간 사회에 고통을 퍼뜨리려고 호기심 많은 판

도라에게 이 상자를 주었다고 합니다. 궁금증을 참지 못한 판도라가 상자를 열었더니 그 안에 있던 온갖 고통의 씨앗이 튀어나와 인간 세상에 퍼졌습니다. 놀란 판도라가 뚜껑을 덮는 바람에 세상에 퍼지지 않고 인간의 마음속에 남은 것이 있는데 그것이 바로 희망이라는 얘기입니다. 이 이야기에서 꼭 물어야 할 게 있습니다. 희망이 왜 그 '고통의 상자' 안에 들어 있었냐는 겁니다. 희망 역시 고통의 씨앗이기 때문입니다.

# 희망은 기다리는 게 아니라
# 만드는 것

1925년 1월 1일 남들은 새해 첫날을 맞아 희망을 품을 때 루쉰은 희망을 버립니다.

희망, 희망……. 나는 이 희망을 방패 삼아 암흑의 밤의 습격을 막아 보려고도 하였다. 설령 방패의 안쪽 역시 공허 속의 암흑의 밤일지라도. 하지만 그렇게 나의 청춘은 계속 소진되었다.
(…) 나 홀로 이 공허 속의 암흑의 밤과 싸우는 수밖에 없다. 나는 희망이라는 방패를 버리고, 페퇴피 샨도르(1823~1849: 헝가리 시인)의 「희망」의 노래를 듣는다.

희망이란 무엇이더냐? 탕녀로다

그녀는 아무에게나 웃음을 팔고 모든 것을 바친다

그대가 고귀한 보물—

그대의 청춘을 바쳤을 때

그녀는 그대를 버린다                                    —「희망」


대학교 다닐 때 미래에 대한 꿈, 즉 희망의 기만성을 깨닫게 해 준 아저씨가 있었습니다. 포장마차를 하던 그 아저씨는, 학생들의 외상 술값 때문에 괴로워하다가 벽에 이런 문구를 써 놓았습니다. "오늘은 현금! 내일은 외상!" 우리는 "내일은 외상"이라는 희망을 품고 신나게 술을 먹고 현금을 냈습니다. 그리고 다음 날 술을 마시며 "아저씨 오늘은 외상이죠?"라고 외쳤습니다. 주인아저씨는 문구를 다시 읽어 보라고 했습니다. 아뿔싸! "오늘은 현금"이었습니다. 결국 외상술을 먹는 행복한 내일은 오지 않았습니다. 미래에 대한 꿈, 희망은 이런 식으로 우리를 기만합니다. '미래未來'란 글자 그대로 '오지 않는' 시간입니다. 영원히 오지 않는 미래의 꿈에 사로잡혀 고통스러운 현재를 견디면 영원히 고통에서 벗어날 수 없습니다.

희망이 허망하다고만 했다면 루쉰은 참 가련하고 별 볼일 없는 사람일 겁니다. 루쉰의 친구는 철의 방의 우화를 듣고 "그러나 몇 사람이라도 일어난다면, 그 철로 된 방을 무너뜨릴 희망이 전혀 없다고 할 수는 없지 않은가?"라고 말합니다. 솔직히 이 친구의 말은 좀 상투적이고, 그래서 별로 설득력이 없습니다. 하지만 루쉰은 그의 말을 자기 자신의 말로 되감아 이렇게 쓰고 있습니다.

> 그렇다. 나는 내 나름의 확신을 갖고 있기는 했지만, 그렇다고 희망이라는 것을 말살시킬 수는 없는 노릇이었다. 왜냐하면 희망이란 미래에 속하는 것이기에, 반드시 없다고 하는 내 주장으로, 있을 수 있다는 그의 주장을 꺾을 수는 없기 때문이었다. 그래서 나는 마침내 그에게 쓰겠다고 응답했다.
>
> —「철의 방에서 외치다」

루쉰은 소설 「고향」에서도 "희망이란 본래 있다고도 할 수 없고 없다고도 할 수 없다. 그것은 마치 길과 같은 것이다. 본래 땅 위에는 길이 없었다. 걸어가는 사람이 많아지면 그것이 곧 길이 되는 것이다."라고 했습니다. '그래, 희망을 갖자.'가 아니라 '희망이란 있다고도 없다고도 할 수 없다.'는 겁니다. 희망은 마치 길이 그렇듯 걷는 사람이 많아지면 생기는 것입니다. 인용한 「희망」 말미에서 루쉰은 "절망은 허망하다. 희망이 그러하듯."이라고 씁니다. 억지로 희망을 가지려는 게 아닙니다. 절망의 허망함을 깨달은 것입니다. 절망을 절망하는 것이죠. 그때 멈췄던 발걸음을 다시 떼게 되고, 그렇게 걷다 보면, 걷는 사람이 하나 둘 늘어나게 되면, 없는 듯하던 희망도 보이는, 아니, 만들어지는 것입니다.

# 희망의 도덕을 넘어

절망을  절망하고  멈췄던  걸음을 다시 내딛는 것은 저 멀리 보이는 희망이란 빛을 향해 달려가는 것과는 다릅니다. 흔히 희망을 등대나 아침 해에 비유하는데, 루쉰은 저 멀리서 기다리는 그런 빛을 믿지도, 좋아하지도 않습니다. 그 빛은 자기가 만든 게 아니라 남이 비추는 것이기 때문입니다. 차라리 루쉰은 밤을 좋아합니다. 밤은 허위의 옷을 벗어 버리고 어둠의 솜이불 속으로 알몸이 되어 들어가게 합니다.

연인들은 달빛 아래 있다가 나무 그늘 속으로 들어서는 순간, 얼굴색이 갑자기 달라진다. 밤의 강림은, 문인 학자들이 밝은 대낮에 빛나는 백지 위에 썼던 만사에 초연하고, 그럴듯하고, 발랄,

찬란한 모든 문장들을 지운다. (…) 밤이 다하면 사람들은 다시 조심스럽게 일어나 밖으로 나온다. 부부들도 대여섯 시간 전과는 표정이 딴판이다. 사람들이 붐비고 떠들썩하다. 그러나 높은 담 안쪽과 빌딩 속, 깊은 안방, 감옥, 여관, 비밀 정보 기관에는 까무러칠 진짜 대암흑이 여전히 가득하다.

지금의 백주 대낮과 사람들의 붐빔은 그 암흑의 장식물이며, 장에 조린 사람고기가 담겨 있는 항아리를 덮는 황금 뚜껑이며, 귀신 얼굴에 바르는 백색분이다. 오직 밤만이, 진실하다.

—「밤의 송頌」

남의 눈을 의식하지 않아도 되는 어둠 속에서 자신의 본모습을 드러낼 때, 혹은 고난과 시련 속에서야 자신의 신념이 굳센지 약한지 알 수 있게 될 때 우리는 밤이 진실을 드러내는 시간임을 알게 됩니다. 대낮의 빛은 진실을 드러내기도 하지만 진실을 숨기기도 합니다. 깔끔하게 정돈된 공원, 행복한 웃음을 머금은 아이들, 그 행복의 이미지를 더럽히는 노숙인들이 몸을 뉘지 못하도록 가로대를 친 벤치, 혹은 어둠을 몰아내고 불야성을 이룬 유흥가의 불빛을 보며 풍요로움을 만끽할 때 정작 집을 잃고 차가운 길바닥에서 선잠을 자야 하는 노숙인들의 어두운 현실이 안 보이는 것처럼 말이죠. 희망이란 빛도 그렇지 않을까요? 희망을 갖는 게 마치 도덕인 양 요구될 때가 있습니다. 희망을 갖는 게 선한 것이고 절망하면 안 된다는 식으로 이야

**루쉰 벽화** 중국 사오싱의 루쉰 생가 앞에는 루쉰이 그려진 초대형 벽화가 있다. '루쉰(魯迅)'의 '노魯'는 나이가 들어 행동이 느린 모습을, '신迅'은 젊어서 빠른 모습을 가리킨다. 이 필명처럼 루쉰에게는 청년들의 '스승'으로서 늙은이의 모습도 있고, 옳은 일은 빠르게 실천하는 청년의 모습도 있다.

기를 하지요. 그때 희망이라는 화려한 빛 속에서 절망적인 현실이 숨겨지는 건 아닐까요?

희망에 목말라하는 자, 어둠 속에서 희망의 빛을 보고 달리는 자는 그 빛이 뭔가에 가려 보이지 않거나 달리다가 넘어져 빛이 꺼진 듯하면 쉬 포기하고 맙니다. 그런 자들은 걷는 것 자체, 달리는 것 자체의 가치를 모릅니다. 오직 목표하는 빛만 보고 달리는 자는 달리는 과정 자체가 빛을 만들어 낸다고는 생각 못 하고, 달리는 것은 목적 달성을 위한 수단이자 최소화해야 할 비용으로만 간주합니다. 그래서 최소비용의 법칙에 따라 불필요한 걸음은 조롱해 버립니다. 마치 달리기 시합에서 뒤처져서도 포기하지 않고 달리는 자를 조롱하듯이.

달리기를 할 때 대개 가장 빠른 서너 명이 결승점에 이르면 나머지 사람들은 이내 맥이 풀려 버린다. 몇몇은 예정된 코스를 다 돌 용기조차 잃어버리고는 도중에 관중석으로 들어가 버리기도 한다. 어떤 사람은 일부러 넘어져 의료진 들것에 실려 나가기도 한다. 뒤떨어져 있는데도 힘을 다하여 뛰는 사람이 있을 경우 사람들은 그를 비웃는다. 그가 참으로 어리석게 꼴찌를 부끄러워하지 않는다는 이유 때문이다.
그렇기 때문에 중국에는 실패한 영웅이 적으며, 끈질긴 반항이 적다. (…) 꼴찌를 부끄러워하지 않는 사람이 많은 민족은 어떤 일에서든 흙이 무너지고 기와가 깨지듯 그렇게 일시에 무너지지는 않는다. 나는 운동회를 보러 갈 때마다 이런 생각을 한다.
—「선두와 꼴찌」

물론, 달리기 시합에서 1등을 하면 자랑스럽고, 꼴찌를 하면 창피하죠. 그 창피함 때문에 고군분투한다면 창피함도 나쁘진 않습니다. 하지만 그 창피함 때문에 중간에 포기해 버리는 건 좋지 않습니다. 창피함 때문에 중간에 포기하는 걸 당연하거나 마땅한 거라고 생각하는 사람들이 있습니다. 창피함이 마치 도덕처럼 당연한 거라고 생각하는 사람들이 그렇습니다. 꼴찌를 하면 마땅히 부끄러워해야 한다고 생각하는 사람들은 꼴찌를 하고도 부끄러워하지 않는 자를 조롱하고, 꼴찌의 징조가 보이면 중간에 포기하는 걸 지혜롭다고 여깁니다.

우리 사회에서도 꼴찌를 부끄러워하지 말라는 사람들이 많습니다. 그런데 가만히 보면 그렇게 말하는 이유가 꼴찌를 할 것 같은 이들이 아예 경기를 하지 않을까 봐, 그래서 1등 할 이들이 승리의 기쁨을 누리지 못할까 봐 염려되어서 그러는 게 아닐까 생각될 때도 있습니다. 경기 규칙 자체가 불공평한데도 꼴찌를 부끄러워하지 말고 참여하라는 건 옳지 않습니다. 루쉰이 말하는 건 그런 게 아닙니다. 꼴찌를 부끄러워하지 말라는 게 아니라 꼴찌를 부끄러워하며 중간에 그만두지 말라는 겁니다. 끝까지 달리고 나서 부끄럽다면 그 수치심도 온전히 느껴야 합니다. 그래야 다음에 더 고군분투할 수 있습니다. 창피하다고 그만두지 않는 끈질김, 수치심을 회피하지 않는 용기, 루쉰이 운동회를 보며 생각한 것이 바로 이 끈기와 용기입니다.

# 절망의 현실에서
# 희망을 만드는 방법

**어둠 속에서 어둠의 모든 것을 보라**

달리기 시합에서 꼴찌로 달려 본 적이 있습니까? 꼴찌일 게 분명해도 끝까지 달리는 건 정말 어렵습니다. 수치와 조롱이 기다리는 결승선까지 달리기 위해선 끈기와 용기가 필요합니다. 수치와 조롱마저 회피하지 않고 결승선에 도달한 꼴찌만이 꼴찌를 벗어날 길을 찾을 수 있습니다. 절망적인 현실에서 희망을 만들기 위해서는 이런 자세가 필요합니다. 막연한 희망을 품고 현실을 인내하기만 해서는 결코 원하는 현실을 만들 수 없습니다. 루쉰은 칠흑 같은 어둠을 뚫고 희망의 빛을 일구기 위해 어떤 삶의 태도가 필요한지 말해 줍니다.

우선 절망의 현실을 회피하지 말고 세심하게 살펴야 합니다. 캄캄한 밤길을 걸어가기 위해서 밤눈과 밤귀가 밝아야 하는 것처럼 말이죠.

밤이라도 거기에는 짙고 옅음이 있다. 미명, 어두컴컴한 밤이 있고, 내민 손마저 볼 수 없는 밤, 먹장 같은 어두운 밤이 있다. 밤을 사랑하는 사람은 밤을 듣는 귀와 밤을 보는 눈이 있어야 하고, 암흑 속에서도 암흑의 모든 것을 볼 수 있어야 한다.

―「밤의 송頌」

어둠이 무섭다고, 빨리 불빛을 찾기 위해, 초조한 마음으로 뛰다가는 길을 잃기 십상입니다. 어둠 속에서 어둠의 모든 것을 보지 않으면 안 됩니다. 어둠에도 여러 결이 있습니다. 그 여러 결의 어둠을 찬찬히 살피고 더듬어 갈 때 시나브로 어둠이 옅어지고 길이 보입니다.

어둠 속을 전진하려면 끈질김이 필요합니다. 끈질김과 관련하여 아주 재미난 루쉰의 글이 있습니다. '노들장애인야간학교'라고 학교를 못 다닌 장애인들이 공부도 하고 교류도 하며 사회의 일원으로 당당히 살 방도를 찾는 단체가 있습니다. 거기서 루쉰의 산문집 『아침 꽃을 저녁에 줍다』를 함께 읽은 적이 있습니다. 마르크스나 니체의 책도 읽은 적 있는데 루쉰의 이 책을 읽을 때 가장 좋아하고 진지했습니다. 특히 이 대목에서 다들 무릎을 치며 좋아했습니다.

세상에는 '깡패기질'이라는 것이 있습니다. 그 요점은 다름 아닌 끈기입니다. 듣자니 '권비拳匪의 난(의화단의 난)'이 있은 뒤 천진의 칭피라 불린 깡패들이 대단히 날뛰었다고 합니다. 이를테면 그들은 남의 짐을 운반해 주고 2원을 내라고 합니다. 이 짐은 작지 않으냐고 따져도 2원을 내라고 합니다. 길이 가깝다고 해도 2원을 내라고 합니다. 운반하지 말라고 해도 역시 2원을 내라고 합니다. 물론 칭피를 본받을 일은 아니지만, 그 끈기만은 탄복할 만합니다.

「노라는 집을 나간 뒤 어떻게 되었는가」의 한 대목입니다. 남편의 인형 노릇을 그만두고 가출한 노라의 처지는 시설에 감금되다시피 한 생활을 그만두고 시민사회로 나온 장애인들의 처지와 아주 많이 닮았습니다. 노들장애인야간학교의 장애인들 중에도 이렇게 자립 생활을 꿈꾸며 시설을 나온 분들이 많거든요. 마음대로 외출 한 번 못하고, 마음에 드는 옷 한 벌 입지 못하던 장애인들은 시설을 나간 뒤 어떻게 되었을까요? 경우에 따라서는 타락할 수도 있고 자립 생활이 힘들어 '인형의 집'으로 돌아갈 수도 있습니다.

구속된 삶을 탈출한 자에게는 무엇이 필요할까요? 꿈도 좋지만 돈이 있어야 합니다. 자유를 돈으로 살 수는 없지만 자유가 돈에 팔릴 수는 있기 때문입니다. 돈이란 말이 상스럽게 들린다면 '경제권'이라고 바꾸어 말할 수 있습니다. 경제권이란 단지 돈을 벌고 관리하는 권리만이 아니라 일상생활을 꾸려 갈 모든 권리를 가리킵니다. 시설을 나간 장애인들은 우선 버스나 지하철을 타고 이동할 수 있어야 합니다. 그래서 장애인도 버스와 지하철을 이용할 수 있도록 저상버스

도입과 지하철 엘리베이터 설치를 요구했습니다.

대다수 시민들의 무관심과 비난 속에서 그들은 끈질기게 장애인의 이동권을 요구했습니다. 결국 그들의 요구는 상당 부분 수용되었죠. 그다음에는 주거권을 요구했습니다. 그다음에는 최저생계 보장을 요구했고, 그다음에는 장애인을 쇠고기처럼 등급화하는 장애등급제 폐지를 요구했습니다. 그때마다 정부는 "떼쓴다고 되는 게 아니다." "이제 곧 경제제도를 개혁할 것이므로 걱정할 필요 없다."라고 했고, 정치단체들은 "그런 것은 케케묵은 일"이라고 했습니다. 그래도 장애인들은 끝까지 자립을 위한 경제권을 요구했습니다.

장애인들의 요구가 얼마나 끈질겼는지 정부는 "떼쟁이"라고 놀렸고, 그들의 투쟁이 얼마나 치열했는지 경찰은 "깡패"라고 윽박질렀습니다. 장애인들이 가장 많이 들은 말이 "그렇게 깡패같이 떼쓰면 동정도 못 받는다."는 말입니다. 경제권을 위해 싸우는 장애인들이 극복해야 할 것은 법과 제도만이 아니라 바로 불쌍하고 착한 장애인의 이미지입니다. 그래서 그들은 깡패 같다는 말도 마다하지 않고 끝까지 싸워 자립 생활의 여건을 하나씩 만들어 가고 있습니다.

장애인뿐만 아니라 우리 주변에는 인형의 집이 싫어서, 인형의 학교가 싫어서, 인형의 회사가 싫어서 그곳을 나간 사람들이 많습니다. 자립을 위해 그들에게 필요한 것은 꿈만이 아니라 경제권이고, 경제권을 얻기 위한 끈질긴 싸움입니다. 그 싸움의 과정에서 남들한테 동정과 호의를 받을 착한 이미지에 사로잡혀서는 안 됩니다. 때로는 남들의 도움도 필요하지만 그들에게 예속되지 않고 자립을 이루려면 깡패 같은 끈질김이 필요합니다.

## 때론 말보다 무서운 침묵을

뭔가를 요구할 때만 끈질김이 필요한 게 아닙니다. 비판과 저항에 있어서도 끈질겨야 합니다. 루쉰은 '말로 하는 비판'을 별로 좋아하지 않습니다. '말' 자체를 신뢰하지 않는다고도 할 수 있습니다. 「여름 벌레 셋」이란 수필에서 그는 벼룩, 모기, 파리 중에서 모기를 제일 싫어한다고 합니다. 왜냐고요?

> 벼룩은 피를 빨아먹는다. 가증스럽기는 하다. 그러나 아무 소리 없이 단도직입적으로 빨아먹는 점은, 솔직하고 시원시원하다. 그런데 모기는 아니다. 단번에 피부를 쿡 찌르는 면에서는 어느 정도 철저하다고 할 수 있지만, 찌르기 전에 웽웽거리며 일장 연설을 늘어놓는 것이 딱 질색이다. 만일 그 웽웽거림이, 사람의 피는 자신의 주린 배를 채우기 위해 존재한다는 이유를 설명하는 것이라면, 더더욱 질색이다.

마찬가지로 매, 호랑이, 이리는 배가 고프면 잡아서 한입에 먹어치울 뿐 '너는 이러이러하기에 잡아먹힌다.'는 식의 도리를 운운하거나 잔꾀를 부리지는 않습니다. 먹히는 자도 먹히기 전에 '나는 이러이러

한 이유로 먹히기에 아무런 불평이 없습니다. 기꺼이 먹히겠습니다.' 하는 따위의 맹세를 할 필요도 없습니다. 루쉰이 살았던 시대에 중국의 권력자들은 약자를 잡아먹을 때 벼룩이나 늑대처럼 아무 말도, 아무런 도의도 떠벌리지 않고 그냥 잡아먹었습니다. 그에 반해 잡아먹히는 쪽에 속한 약자들은 말이 많습니다. 저항도 주로 말로 합니다. 비평이 저항의 전부라는 듯이. 말로 하는 저항과 대비해서 루쉰은 침묵의 저항을 얘기합니다. 루쉰은 "침묵하고 있을 때 나는 충일을 느낀다. 입을 열려 하자마자 공허를 느낀다."라고 합니다. 그런 침묵 속의 분노가 진짜 무서운 분노입니다. 옛날부터 자기 처지를 한탄하는 사람들은 많았습니다. 그들은 '재능은 있으나 때를 잘못 타고 났다.' 느니 '하늘의 도리를 논하여 무엇하리.' 하면서 돈 있는 자는 방탕한 생활을 하고 돈 없는 자는 술독에 빠지기 일쑤입니다. 그러다가 나중에는 분에 못 이겨 죽고 맙니다. 무도한 세상을 탓하며 이를 핑계 삼아 자포자기하는 사람들, '분하다'고 말하면서 분에 못 이겨 죽을 것 같은 얼굴상을 짓는 사람들, 그런 사람은 실상 분에 못 이겨 죽지도 못합니다. 그저 분하다고 말만 할 뿐.

　권력자의 관점에서 그런 자들은 두려워할 필요가 없습니다. 조만간 제풀에 꺾여 죽거나 침묵하기 십상이니까요. 하지만 무서운 침묵을 보면 권력자도 주의합니다. 분노를 머금은 침묵, 더구나 눈동자도 움직이지 않는 채로의 침묵 속에 무서운 저항이 도사리고 있기 때문입니다.

## 정의로운 복수를 회피하지 말 것

루쉰이 무서운 침묵을 깨고 비수 같은 말을 쏟아 낸 것은 1926년에 일어난 3·18 사건 무렵입니다. 이 사건은 노골적인 주권 침략을 일삼는 일본 제국주의에 항의하는 청년 학생들을 중국의 돤치루이段祺瑞 (1924~1926년에 집권했던 봉건 군벌) 정부가 무참히 학살한 사건입니다. 이날 47명의 젊은이들이 죽고 150여 명이 다쳤습니다. 총알이 빗발치는 와중에도 부상당한 친구를 구하려다 총에 맞아 죽은 제자들을 기억하며 루쉰은 이렇게 일갈합니다.

이것은 사건의 끝이 아니라 사건의 시작이다.
먹으로 쓴 거짓이 피로 쓴 사실을 가릴 수는 없다.
피의 빚은 반드시 같은 것으로 갚아야 한다.　　　―「꽃 없는 장미」

피의 보복, 섬뜩하죠? 루쉰은 관용의 도덕이 얼마나 가식적인지, 보복의 윤리가 얼마나 철저한지 이야기합니다.

내가 보통 사람들보다 근성이 비뚤어진 탓일까, 아니면 내가 받았던 환경의 영향 탓일까. 나는 좀처럼 복수란 것이 그리 나쁘게 생각되지가 않는다. 물론 무저항주의자들을 인격 빵점이라 비난할 의도가 여기에 개입되어 있는 것은 아니다. 다만 가끔 이런 생각이 떠오른다는 것이다.

도대체 복수란 것은 누가 그것을 심판하고 그 공정성을 보증한
다는 말인가?
나는 이 자문에 즉각 자답한다. 자기 자신이 심판하고, 집행하는
것이라고. 신이 그것을 맡아서 행하지 않는 이상, 눈에는 눈이
아니라 눈에 머리로, 머리에 눈으로 갚아도 괜찮다고.

―「관용이 미덕인가」

많은 사람들이 관용이 좋고 복수는 나쁜 것이라고 말합니다. 물론
너그러운 마음씨가 나쁜 건 아닙니다. 하지만 자신을 핍박하는 자들

**루쉰과 동료들** 중국 상하이 문화명인
거리에 있는 조각상이다.

에 대한 관용은 다시 생각해 봐야 합니다. 「아큐정전」에서 아큐는 자기보다 강한 자들한테 얻어맞고서 스스로를 위로하기 위해 그들을 용서합니다. 그러고는 자기가 관용을 베풀 줄 아는 양반이라며 뿌듯해합니다. 실제로는 패배하고선 정신상으로 승리를 만끽하는 이런 처세술을 루쉰은 '정신승리법'이라고 불렀습니다.

관용이 미덕이라는 건 보복할 용기가 없는 비겁자가 생각해 낸 말이라고 루쉰은 말합니다. 그게 아니라면 비겁한 권력자가 생각해 낸 것으로, 자기는 약한 자들에게 위해를 가하면서도 약자의 보복을 받을 게 두려워 관용이라는 미덕으로 기만하는 것이거나.

루쉰은 정당한 복수에 있어선 철저해야 한다고 합니다. 루쉰이 몸담았던 북경여자사범대학이 봉건군벌의 손에 넘어가 개혁적인 학생들이 용역 깡패들에 의해 쫓겨난 일이 있었습니다. 루쉰과 몇몇 교수들의 끈질긴 투쟁으로 상황이 역전되어 쫓아낸 자들이 쫓겨나게 되었습니다. 그때 린위탕林語堂이라는 저명한 학자가 '페어플레이'를 이야기하며 물에 빠진 개는 때리지 않는 법이라고 말했습니다. 이에 대해 루쉰은 그 개가 비열한 성품을 버릴 수 없는 한 물에 빠진 개는 내가 빠뜨렸든, 남이 빠뜨렸든, 발을 헛디뎌 제 발로 빠졌든 몽둥이로 때려도 된다고 반박합니다. 잔인하다고 할지 모르지만, 그럴 만한 이유가 있습니다.

1911년 신해혁명이 일어나자 그동안 거드름을 피우던 양반들은 초상집 개처럼 주눅이 들어 황급히 청나라 풍습인 변발을 잘랐습니다.

그런데 혁명을 일으킨 이들은 서구에서 들어온 신사의 매너를 본받아 우리는 물에 빠진 개는 안 때린다고 여유롭게 말했습니다. 이는 물에 빠진 개에게 마음대로 기어 올라오라는 것으로 들렸고, 주눅 들었던 자들은 기어 올라와 다시 권력을 잡고 혁명가들을 물어 죽였습니다. 개혁가들은 어찌 그리 점잖고 순진한지, 개혁을 하고 나서는 꼭 화해와 통합을 얘기하며 물에 빠진 개를 기어 올라오게 하고, 결국 그 개한테 물려 죽습니다. 루쉰이 비열한 개는 몽둥이로 때려도 된다고 한 것은 페어플레이 자체가 나쁘다는 게 아니고 페어플레이를 하려면 먼저 상대를 똑똑히 보고 페어를 받을 자격이 없는 자라면 페어할 필요가 없다는 얘기입니다.

# 사랑을 하거든
# 독사처럼 하라


지금 우리 시대는 어둠이 짙게 깔려 있습니다. 누군가는 복지국가를 얘기하고 누군가는 선진국 진입이 눈앞이라고 느끼지만, 주변을 보면 암담한 현실에 비탄과 울분을 터뜨리는 사람들이 많습니다. 물론 울분은 변혁의 방아쇠라고 할 수 있습니다. 그러나 먼저 자신부터 변혁한 다음 세계를 바꿔야 합니다. 울분과 원한을 터뜨리며 분에 못 이겨 죽을 것 같은 사람들에게 루쉰은 이렇게 묻습니다.

그대들이여! 당신들은 곤륜산이 북경에서 몇 리나 떨어져 있으며, 약수弱水는 황하에서 얼마나 먼지 아는가? 화약은 폭죽을 만드는 것 외에, 나침반은 묏자리를 잡는 것 외에 어떤 쓰임새가

있는지 아는가? 목화는 붉은가 흰가? 벼는 나무에 열리는가, 풀
에 열리는가? 자유연애를 하는 데 있어서 어떤 태도를 취해야 하
는가? 한밤중에 문득 부끄러움을 느끼고 새벽녘에 뉘우쳐 본 적
은 있는가? 네 근짜리 짐을 질 수 있는가? 30리 길을 걸을 수 있
는가?　　　　　　　　　　　　　　　　　　　—「분에 못 이겨 죽다」

　곤륜산과 약수는 전설에 나오는 산과 강입니다. 루쉰은 눈앞의 현
실은 보지 않고 옛날이야기나 되뇌는 이들에게 제발 현실을 직시하
라고 말합니다. 옛날부터 중국인들은 화약으로 폭죽을 터뜨리며 놀
고 나침반으로는 묫자리를 보았습니다. 루쉰은 그런 낡은 풍습에 젖
은 사람들에게 화약과 나침반으로 할 수 있는 실용적인 일을 생각해
보라고 말합니다. 화려한 옷에만 관심을 갖지 말고 목화 꽃이 붉은지
흰지, 맛있고 화려한 음식에만 관심 두지 말고 벼가 나무에서 열리는
지 풀에서 열리는지도 생각해 보라는 거죠. 자유연애의 새로움만 부
르짖지 말고 자유연애를 할 때 어떤 어려움이 있고 어떤 방식으로 시
련을 헤쳐 나갈지, 철저하게 생각하라는 겁니다.

　혁명을 부르짖는 일도 좋지만 자기 자신의 행동에 혹시 잘못은 없
었는지 세심히 돌아보는 게 중요합니다. 무엇보다 네 근짜리 짐을 질
수 있고 30리 길을 걸을 수 있는 근력이 자신에게 있는지 돌아봐야
합니다. 그런 실생활에 필요한 힘을 길러야 세상도 바꿀 수 있으니까
요. 세상이 전부 썩었다고 한탄하지만 말고, 세상 전체를 이념의 도

마 위에 올려놓고 비평의 말로만 썰어 대기 전에 우선 일상과 자기 자신을 돌아봐야 합니다.

자신은 '취하요리'가 되었다며 자기에게 독을 먹인 것은 루쉰이니 최후의 길을 가르쳐 주든지, 아니면 예전처럼 신경을 마비시켜 달라고 한탄한 청년에게 보낸 답장 말미에 루쉰은 이렇게 권합니다.

첫째, 생계를 도모해야 하고, 생계를 위해서 수단을 가리지 말아야 합니다. 요즘 "목적을 위해서는 수단을 가리지 않는다."라는 것이 공산당의 특기라고 떠드는 어리석은 자들이 있는데, 이것은 큰 착오입니다. 실제로 그런 사람들이 아주 많지만, 단지 입 밖에 내지 않을 뿐입니다. (…) 둘째, 애인을 사랑해야 합니다. 그런 것은 대혁명으로 가는 길에 배치된다는 게 세상 여론입니다. 하지만 신경 쓸 게 못 됩니다. (…) 선생, 나는 당신이 잠시 휴식을 취하기를 권합니다. 그저 조금 입에 풀칠할 것만을 생각하면서 말입니다. 그러나 당신이 영원히 '몰락'하는 것을 바라지는 않습니다. (…) 종이가 다 되어 이것으로 답신을 줄입니다. 부디 평안하십시오, 모쪼록 건강하고, 애인을 굶기지 말길.
　　　　　　　　　　　　　　　　　　—「미래를 지나치게 밝게 본 잘못」


진보와 개혁의 이념에 도취되었다가 좌절한 청년에게 루쉰이 던지는 마지막 충고입니다. 민족의 계몽과 사회개혁을 부르짖는 문장보

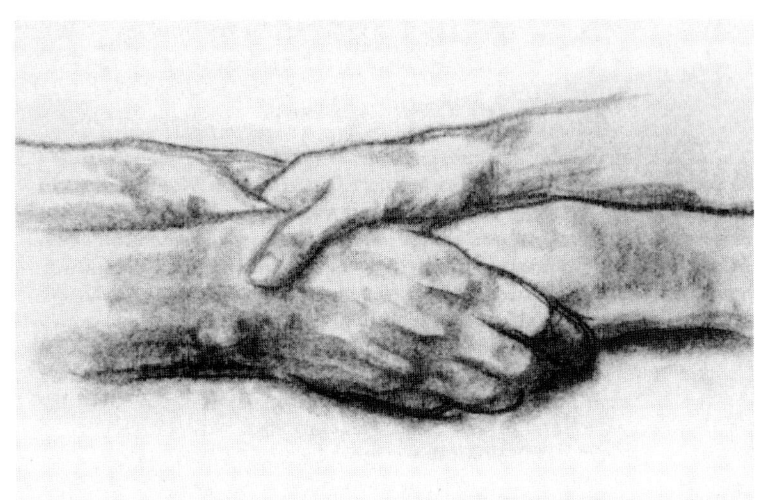

케테 콜비츠의 작품 루쉰은 독일의 판화가 케테 콜비츠의 영향으로 목판화 운동을 펼치기도 했다. 케테 콜비츠의 작품 「서로 마주잡고 있는 손들」(왼쪽, 1938년)과 「전쟁은 이제 그만」(오른쪽, 1924년)이다.

다 저는 이 문장이 훨씬 루쉰답다고 생각해서 좋아합니다. 조금만 더 힘을 내라고, 당신이 바라는 새로운 세상이 곧 올 거라고, 우리가 가는 이 길은 필연적인 역사 발전의 길이며, 어떤 고난과 시련도 이 진보의 길을 막을 수는 없다고 말할 수도 있습니다. 위대한 사상가에게 기대하는 게 주로 그런 말 아닌가요? 하지만 루쉰은 그러지 않았습니다. 수단과 방법을 가리지 말고 입에 풀칠할 궁리를 하라고 충고합니다. 자기 생계는 돌보지 않고 억압받는 민중의 삶을 돌본다는 희생정신은 낡은 도덕에 불과합니다. 자기를 구원하지 않고 어찌 세상을 구원할 수 있겠습니까?

숨 가쁜 개혁의 길에서 지친 청년에게 루쉰은 잠시 쉬라고 말합니다. 희망을 잃지 말라고 말하는 대신 잠시 쉬라고 합니다. 캄캄한 어둠 속에서 영원히 몰락하지 말고 잠시 쉬면서 어둠의 모든 것을 보라고 합니다. 그러다 지금의 절망도 희망만큼이나 허망하다는 걸 깨닫고 발걸음을 다시 떼길 바란다고 합니다. 무엇보다 애인을 위로하라는 말이 제일 와 닿습니다. 눈에 보이지 않는 민중을 위로하기 전에 우선 내 옆의 애인을 위로하고 민중의 굶주림을 타개하기 전에 우선 내 옆의 애인을 굶기지 말라는 겁니다. 억압받는 민중에 대한 사랑도 내 옆에서 울고 있는 애인에 대한 사랑에서 생긴다는 말이겠죠. 참, 감동적이지 않습니까?

사랑, 어둠 속에서 어둠의 모든 것을 보며 전진하는 이의 마지막 윤리는 사랑입니다. 육욕과 감정을 소비하고 마는 그런 사랑 말고, 돈과 말로 증명하는 그런 사랑 말고, 독사처럼 칭칭 감겨드는 사랑, 루쉰의 관을 덮은 하얀 천에 쓰인 '민족혼'이란 것도 독사처럼 칭칭 감겨드는 사랑의 정신이 아닐까요. 마지막으로 루쉰의 문장 중 제가 가장 좋아하는 문장을 들려 드리겠습니다.

밥, 이성, 조국, 민족, 인류…… 무엇을 사랑하든 독사처럼 칭칭 감겨들어라. 원귀처럼 매달려라. 사흘 낮 사흘 밤 동안 줄기차게 달라붙어라. 이런 사람이라야 희망이 있다.

—「무엇을 사랑하든 독사처럼 칭칭 감겨들어라」

희망이란 본래 있다고도 할 수 없고 없다고도 할 수 없다.

그것은 마치 길과 같은 것이다. 본래 땅 위에는 길이 없었다.

걸어가는 사람이 많아지면 그것이 곧 길이 되는 것이다.

# 당신의 삶이
# 당신의 철학이다

플라톤 · 「편지」

고병권

# 왕의 철학 시험


고대 시칠리아의 왕 디오니시오스 2세는 '철학하는 왕'에 대한 시험을 치렀습니다. 철학자가 되고 싶었던 것이지요. 그는 위대한 철학자 플라톤(Platon, 기원전 428?~기원전 347?)이 말한 '철학하는 왕'이 바로 자신일 거라고 믿었습니다. 명예욕이 대단했던 그는 아예 플라톤에게 직접 인정을 받으려고 했습니다. 그래서 플라톤을 초대하기 위해 온갖 노력을 기울였지요. 삼단으로 된 노를 갖춘 커다란 배도 보내고, 플라톤이 좋아할 거라고 생각한 사람들을 보내 설득했습니다. 왕의 대접을 받아서인지 아니면 정말 왕이 그렇다고 믿어서인지는 모르겠지만, 사람들은 플라톤에게 디오니시오스 왕의 철학적 재능이 놀랍다고 말했습니다. 왕 자신도 플라톤에게 초대의 편지를 썼지요.

**플라톤** 고대 그리스의 철학자로서 서양 철학의 토대를 놓은 인물로 평가된다. 철학, 윤리학, 논리학, 종교, 정치학 등에 대한 여러 저술을 남겼는데, 고대와 중세는 물론이고 오늘날에도 많은 사람들에게 큰 영향을 미치고 있다.

플라톤으로서는 시칠리아 여행이 썩 내키지는 않았어요. 하지만 "사태의 진실이 어떤 것인지 명확히 검토하기 위해" 시칠리아에 갑니다. 그리고 왕이 그런 자질을 갖추었는지 시험을 해 보았습니다.

플라톤이 제시한 왕의 철학 시험, 그것은 어떤 것이었을까요. 과연 왕은 철학자가 될 수 있었을까요. 철학자가 된다는 건 과연 어떤 것일까요. 아니, 그보다 먼저, 막대한 권력과 부를 가진 디오니시오스 왕은 왜 철학자가 되고 싶었던 걸까요.

# 플라톤이 보낸 편지

　　　　　　　우리가 지금부터 나눌 이야기는
플라톤이 일흔이 넘은 나이에 쓴 편지에 담긴 내용입니다. 지금 남아 있는 플라톤의 편지는 모두 열세 편인데요. 이 글에서 소개할 편지를 사람들은 '일곱 번째' 편지라고 부릅니다. 기원전후에 살았던 트라쉴로스라는 학자가 플라톤의 저작들을 펴내면서 편지들을 포함시켰는데요. 이때 그가 묶은 순서에 따라 몇 번째 편지라고 부르게 되었습니다.

　하지만 이 편지들이 정말 플라톤이 쓴 것인지는 확실치 않습니다. 지금 남아 있는 편지들이 플라톤의 필체로 남아 있는 것도 아니고, 심지어 트라쉴로스가 펴냈을 때의 것도 아니기 때문입니다. 열세 편 모두 중세의 사람들이 베껴 쓴 필사본들이죠. 더욱이 남은 편지들에는 위조 혐의가 짙습니다. 트라쉴로스가 편지들을 묶어 냈을 때 이미 위조 문제가 불거졌습니다. 당시 알렉산드리아의 도서관 같은 곳에서는 플라톤과 같은 저명한 학자의 글을 높은 가격에 샀기 때문에 사람들이 위조를 많이 했다는 증언도 있거든요. 설령 그런 돈을 노린 범죄가 아니었다 해도 사람들은 유명한 학자나 성인들의 이름을 빌려 자기 생각을 펴는 경우가 많았습니다. 그러니 편지에 플라톤의 이름이 적혀 있다고 마냥 플라톤이 쓴 편지라고 믿을 수 없지요.

플라톤의 편지들에 대해서는 문헌학자들의 고증이 많이 이루어졌습니다. 전문가들 사이에서 몇 편의 편지들에 대해서 진위 논쟁이 지금도 벌어지고 있습니다. 그런데 대부분의 학자들이 큰 이견 없이 플라톤의 편지라고 받아들이는 편지가 있습니다. 그것이 바로 우리가 다룰 '일곱 번째' 편지입니다(학자들은 만약 이것을 플라톤이 쓰지 않았다면 최소한 플라톤과 매우 가까운 사람이 썼음에 틀림없다고 봅니다). 이 일곱 번째 편지는, 편지라고는 하지만, 분량이 웬만한 논문보다 길고 (나머지 열두 편지를 합한 것보다도 깁니다), 그 내용 역시 사적인 것이라기보다, 여러 사람에게 읽히기 위한 팸플릿으로 보입니다. 실제로 바울과 같은 종교 지도자나 레닌과 같은 정치 지도자들은 격변의 시기에 편지 형식의 팸플릿을 써서 자신의 동지들에게 보내곤 했지요. 플라톤의 이 편지도 내전을 치르던 시칠리아의 동지들에게 자신의 철학과 정치적 견해를 전하기 위한 것이었습니다.

이 일곱 번째 편지가 특별히 중요한 까닭은 플라톤이 직접 자신의 삶과 철학에 대해 말하고 있는 유일한 글이기 때문입니다. 잘 알려진 것처럼 플라톤이 쓴 책들의 주인공은 대부분 소크라테스입니다. 플라톤 자신의 생각은 소크라테스가 다른 인물들과 나누는 이야기들 속에 감춰진 셈이지요. 그런데 이 편지에서 플라톤은 '나는'이라고 말하고 있습니다. 즉 자기 목소리로 자신의 생각을 말하고 과거의 삶을 회고하고 있지요. 이 편지를 제외한다면 플라톤의 생애에 대한 기록들은 모두 간접 전언들뿐입니다. 심지어 그것도 플라톤 사후에 쓴 전기들—이것들도 모두 소실되고 없습니다—을 읽었다는 사람들이 그것을 다시 인용한 자료들뿐이에요. 전언에 대한 전언이라고 할까요. 그래서 플라톤의 『편지들』을 우리말로 옮긴 역자들은, 편지들이야말로 "플라톤 생애에 관해 우리가 참조할 수 있는 유일한 일차자료"라고 단언하기까지 한답니다.

# 철학하는 왕을 찾아서

이제 대략 2,400년 전쯤으로 날아가 보려고 합니다. 디오니시오스 2세는 왜 '철학하는 왕'이 되고 싶어 했는지, 과연 그는 철학자가 되는 데 성공했는지, 그 모든 것을 밝혀 줄 플라톤이 쓴 편지 한 장을 들고서 말이지요.

플라톤은 20대의 청년 시절, 당시 명문가의 자제들이 으레 그랬듯이 정치에 관심이 많았습니다. 그 스스로 집안 자랑을 한 적은 없지만 꽤나 잘나가는 집안의 자제였음은 분명합니다. 그가 자기 책에 간혹 등장시키는 친척들이나 친구들을 모아 보면 아테네의 명문가 지도가 다 그려질 정도라는 말이 있을 정도니까요. 그런데 그가 정치에 관심을 가질 무렵 아테네의 정치 상황은 그다지 좋지 못했습니다. 우리가 '아테네의 황금기'라고 말하는 때는 기원전 5세기 중반 정도인

**페리클레스와 디오니시오스 1세** 페리클레스(왼쪽)는 기원전 5세기 후반에 아테네 민주주의를 발전시켜 아테네를 그리스의 정치적·문화적 중심지로 만들었다. 디오니시오스 1세(오른쪽)는 시칠리아와 남이탈리아를 점령하여 시라쿠사를 강력한 도시로 만들었다.

데요. 유명한 비극 작가들도 많았고 정치가와 군인들도 많았지요(이들은 서로 겹치기도 합니다). 아테네에서 '민주주의'가 꽃피었다는 말을 하는데 이때의 이야기입니다. 페리클레스 같은 위대한 정치가가 아테네를 이끌었습니다. 하지만 플라톤에게 이들은 모두 할아버지뻘이 됩니다. 플라톤은 페리클레스가 죽고 2년 후쯤 태어났습니다. 플라톤의 어린 시절 아테네는 쇠락의 길을 걷고 있었지요. 특히 그리스에 대한 주도권을 다투던 아테네와 스파르타가 벌인 펠로폰네소스 전쟁으로 그리스 전체가 크게 약화되었습니다.

아테네의 민주주의는 이 와중에 크게 변질됩니다. 사람들이 서로 의견들을 내놓고 사심 없이 토론하며, 그중에서 좋은 의견을 뽑는 민

주주의의 공론장을 잃어버렸습니다. 옳은 것을 추구하는 변증술보다
는 그럴듯한 이야기를 하는 설득술, 다시 말해 수사법(레토릭)이 번성
했고, 서로 당파를 형성해서 반대 당파를 제압하는 것에만 관심을 기
울였다고 합니다. 플라톤은 나중에 이렇게 말했지요. "이미 우리나라
는 선조들의 관습과 제도에 따라 다스려지지 않고 있습니다."

플라톤이 아테네 정치의 변질을 못마땅해할 무렵 정변이 일어났습
니다. 일종의 쿠데타지요. 51명의 지도자가 이 정변을 이끌었는데,
그중에서도 30명의 사람들이 중앙의 권력을 움켜쥐고 있었습니다.
역사가들은 이들을 '30인 정권'이라고 부릅니다. 당시 아테네 정치에
불만이 많았던 플라톤으로서는 이 정변이 그렇게 싫지는 않았던 것
같습니다. 게다가 정변의 주도자들 중에는 친척들이 있었습니다. 그
들은 플라톤에게 정권에 참여할 것을 권유하기도 했습니다. 정치에
관심이 많았던 데다 실력자로부터 정권 참여 제안까지 받았으니, 플
라톤은 정치 상황을 예의 주시하고 있었습니다.

하지만 그때 그가 본 것은 끔찍한 폭정이었습니다. 어떤 기록에 따
르면 이때 처형된 사람이 1,500명을 넘었다고 합니다. 과거 정권에
협력한 사람들이 모두 처형된 것이지요. 플라톤은 이 정권의 폭정을
보며 "얼마 되지도 않아 이전 정치체제를 황금으로 보이게 해 주었
다."고 비꼬았지요.

'30인 정권'의 수명은 아주 짧았습니다. 대략 8개월쯤 지나 반대
혁명이 일어났으니까요. 민주파가 다시 집권했습니다. 플라톤은 기

대를 걸었습니다. 민주파는 정치 보복의 악순환을 끊기 위해 이전 정권 협력자들에 대한 '대사면'을 약속했거든요. 플라톤은 "이전보다는 조금 느리긴 하였지만 어쨌거나 공적인 정치 활동에 대한 욕구가 나를 끌어당겼다."고 회고했습니다. 그러나 정치는 기대했던 것만큼 나아지지 않았습니다. 사회는 여전히 혼란스러웠고 일부 사람들은 이전 정권에 참여한 사람들에게 보복하기도 했습니다. 그런 와중에 플라톤 생애에서 아주 끔찍한 일이 일어났습니다. 자신의 스승인 소크라테스가 민주파에 의해 처형된 것입니다. 소크라테스를 신에 대한 불경죄로 몬 것도 어이가 없었지만, 그를 민주파가 처형함으로써 이들이 얼마나 배은망덕한지를 보여 주었기 때문입니다.

소크라테스의 법정 진술인 『변론』을 보면 그가 민주파 인사 한 사람을 살리기 위해 목숨을 걸고 '30인 정권'의 명령을 어기는 장면이 나옵니다. 당시 정권이 소크라테스와 네 명의 시민들에게 민주파 인사였던 살라미스 사람 레온을 잡아오라고 명합니다. 레온을 사형시킬 요량이었지요. 소크라테스는 이 명령이 부당하다고 생각했기에 따르지 않습니다. 배심원 앞에서 소크라테스는 나중에 정권이 더 오래갔다면 자신은 그 일로 죽게 되었을 것이라고 말합니다. 그런데 그런 소크라테스가 민주파에 의해 처형된 겁니다.

플라톤의 낙담을 짐작할 수 있겠지요? 정치는 차치하고 사람의 기본 도리가 아니라고 보았겠지요. 아테네의 정치에 관심이 컸던 그였기에 낙담도 컸을 겁니다. 그는 "나랏일 진행을 보면 볼수록 그것이

**소크라테스의 죽음** 자크 루이 다비드의 1787년 작품 「소크라테스의 죽음」이다. 소크라테스는 의연하게 죽음을 받아들이는 모습으로 표현되었다. 그림에서 침대 발치에 앉아 있는 사람이 플라톤이다.

바로 선다는 것이 어렵다는 것을 느꼈다."고 했습니다. 나라의 법이든 관습이든 좋은 전통들은 다 황폐해졌고, 그 망해 가는 속도도 가히 놀랍다고 했지요. 다음은 편지의 한 대목입니다.

그리하여 나는 처음엔 공적 활동에 대한 열정이 넘쳐흘렀으나 그러한 것들을 바라보면서 그것들(좋은 관습과 제도들)이 완전히 휩쓸려 가는 것을 보고서 급기야 현기증을 느꼈습니다. 그리하여 나는 그와 같은 것들 그리고 나아가 정치체제 전반에 관한 것들을 어떻게 해야 고칠 수 있을까 계속해서 곰곰이 생각했습니다. 그러나 실제로 행동으로 옮기는 것은 때가 오기만을 줄곧 기다려야 했습니다. 아무튼 나는 결국 지금의 나랏일 전체와 관련하여 그것들이 온통 잘못 다스려지고 있다고 생각하게 되었던 겁니다. 왜냐하면 이런 나라들의 법률 상태는 행운을 동반할 놀랄 정도의 대책 없이는 거의 구제가 불가능하기 때문입니다.

소크라테스가 처형되었을 때 플라톤의 나이가 스물여덟이었습니다. 그는 이때 아테네를 떠났습니다. 현실 정치에 환멸을 느꼈을 겁니다. 그러고는 떠돌았습니다. 이때부터 10년 동안 그가 어디에서 무엇을 했는지는 확실치 않습니다. 아테네의 서북쪽에 있던 도시 메가라에 잠시 머물렀다고 하는데 그 뒤 족적은 도무지 알 수가 없습니다. 어떤 전언에 따르면 아프리카의 키레네와 이집트에 가서 수학자들을 만나고 신관들을 만났다고도 합니다. 그러나 모두 확인이 불가능한 전언들입니다. 30대의 플라톤의 생애에 대해서 우리로서는 알 수 있는 자료가 없습니다. 다만 그의 초기 저작들로 간주되는 많은 대화편들이 이때 작성된 것 같다고 추정하고 있습니다. 현실 정치에 대한 환멸이 가져다준 어떤 냉담함 때문에 그가 책들을 썼는지도 모르겠습니다. 스승 소크라테스의 가르침을 하나씩 떠올리며 그것들을 기록했을 플라톤의 모습을 그려 봅니다.

그로부터 10년의 세월이 흐른 후, 그러니까 나이 마흔이 되었을 때부터 우리는 그가 어디에 있었는지를 압니다.

앞서 말한 일곱 번째 편지 덕분이지요. 그는 이 편지에서 마흔 살이 되던 해에 시칠리아를 방문했다고 썼습니다. 그는 그 방문이 우연이긴 했지만 '초인간적인 무언가'가 자신을 이끈 것일 수 있다고도 했습니다. 하지만 그가 시칠리아를 방문했을 당시의 정치에 대한 견해를 살펴보면 마냥 우연이었다고 볼 수는 없을 것 같습니다. 그는 아테네의 경험을 떠올리며, 그런 나라는 '행운을 동반할 정도의 대책 없이는 구제가 불가능할 것'이라고 했지요. 그러면서 지난 10년 동안 자신의 마음속에서 생겨난 결론을 이렇게 제시합니다.

올바르고 진실되게 철학하는 그런 부류의 사람들이 권좌에 오르거나 아니면 각 나라의 권력자들이 모종의 신적인 도움을 받아 진정 철학을 하기 전에는, 인류에게 재앙이 그치지 않을 것이라고 언명하지 않을 수 없었습니다. 내가 처음 이탈리아와 시칠리아를 방문했을 때 나는 실로 그런 생각을 갖고 있었습니다.

철학하는 사람 내지 철학에 도움을 받은 사람이 다스리기 전까지는 재앙이 그치지 않을 것이라는 생각. 그것이 플라톤의 그 유명한

파피루스 플라톤의 책 『정체(국가)』의 일부 내용이 들어가 있는 3세기 무렵의 파피루스이다.

철인군주론, 즉 '철학하는 왕'이죠. 그는 소크라테스의 가르침이 옳다고 믿었지만 그 방법은 다른 길을 택했던 것 같습니다. 소크라테스는 무지한 이들이 그 무지를 깨닫고, 함께 올바른 것을 찾아가도록 만들고자 했지요. 하지만 플라톤이 보기에 그건 부질없는 짓이었죠. 아테네의 훌륭한 전통이 훼손되지 않았을 때나 가능한 방법이지 그것이 다 황폐해진 상황에서는 불가능한 방법이었습니다.

여러분 혹시 『정체』(종종 『국가』라고 번역된 책입니다)에 나오는 '동굴 우화'에 대해 들어 보셨습니까? 깊은 동굴 속에 죄수들이 갇혀 있지요. 그들은 동굴의 한쪽 벽면만을 보도록 손발이 묶여 있습니다. 그들의 머리 뒤쪽에는 여러 가지 사물들이 지나다니는 다리 같은 게 있고 또 그 너머에는 횃불이 타고 있습니다. 사물들이 지나다닐 때마다 그 그림자가 죄수들이 보고 있는 벽면에 비칩니다. 그때 사슬을 끊고 동굴을 나와서 바깥 세계를 본 사람, 즉 철학자가 있었습니다. 동굴 속에 다시 들어간 철학자는 죄수들에게 그들이 본 것이 그림자에 불과하다고 말하지만 죄수들은 아무도 그의 말을 믿지 않습니다. 밝은 곳에 있다가 어두운 곳에 들어온 철학자는 동굴 속에서 사물을 잘 볼 수 없었습니다. 그런 그를 죄수들은 비웃었습니다. 철학자는 죄수들을 설득하지 못했고, 오히려 죽을 위험에 처합니다. 많은 사람들은 이 철학자의 이야기가 아테네에서 처형당한 소크라테스를 상징하고 있다고 봅니다. 플라톤은 왜 이 이야기를 책에 썼을까요. 그는 다수의 어리석은 대중들을 설득하는 것이 이제 현실적이지 않다고 생각했을 겁니다.

플라톤은 차라리 힘이 있는 사람 하나를 잘 설득해서 전체를 좋은 방향으로 이끄는 것이 낫다고 보았습니다. 그는 편지에 이런 표현을 썼습니다. "내가 한 사람만 잘 설득하면 그것으로 족히 모든 것이 좋게 되는 결과를 가져올 테니까요." 편지의 다른 구절에서는 '공포'와 '외경畏敬'이 함께 필요하다고도 했습니다. 그에 따르면 '공포'란 강자가 힘을 과시하는 것이고, '외경'은 그 강자가 자신들의 쾌락을 이겨내면서도 강하고 또 자신들이 만든 법을 더 잘 지킬 태세를 갖출 때 가능하다고 했지요. 강력한 힘을 가진 자가 상황을 정리하고 스스로가 "덕의 친구가 되어" 모범을 보인다면 전체가 좋은 방향으로 갈 수 있다고 본 겁니다.

이런 생각을 가진 철학자가 시칠리아에 간 것은 우연이 아닙니다. 당시 시칠리아는 아테네를 비롯해서 그리스의 여러 폴리스들이 쇠락해 갈 때 새로 떠오른 강자였으니까요. 펠로폰네소스 전쟁기에 시칠리아의 도시 시라쿠사는 자신을 침공한 아테네 대군을 물리치기도 했습니다. 게다가 플라톤이 이 나라를 찾을 즈음에는 그 세력이 이탈리아 반도 전역으로 퍼졌고 이후에는 그리스 연안의 대제국이 될 가능성을 보여 주기도 했습니다.

그곳의 왕(참주)이 디오니시오스 1세였습니다. 그가 강한 군주임에는 틀림없었지요. 힘 있는 그에게 누군가 올바른 조언을 할 수 있다면 혹시 좋은 나라를 만들 수 있지 않을까. 그가 신적인 도움을 받아서, 즉 정말 우연으로라도 철학을 접하고 그것을 행할 수 있다면 말입니다. 플라톤은 분명 어떤 가능성을 생각했음에 틀림없습니다. 아마도 자신이 강한 군주에게 '철학'이라는 신적인 도움을 줄 수 있다고 본 것 같습니다. '초인간적 힘'에 이끌렸다는 말을 나는 그렇게 생각합니다.

# 때가 왔습니다

시칠리아를 방문했을 때 플라톤은 아테네에서와는 다른 현기증을 느낍니다. 거기서 그가 본 것은 '철학하는 왕'이 아니라 '요리로 상다리가 휘는 생활'이었지요. 그가 편지에 쓴 내용을 잠시 인용해 보겠습니다. "하루 두 차례 배 터지게 먹고, 밤에 혼자서 잠자리에 드는 일은 결코 없는 그런 생활은 물론이고, 그러한 삶의 태도에서 생겨날 수밖에 없는 일들 모두가 그랬습니다." 흥청망청 마셔 대고 성적 쾌락에 매달리면서 일상은 완전히 소홀히 하는 나라. 도대체 이런 나라가 어떤 법률 아래서 평온할 수 있을까요.

여러분, 우리는 '철학하는 왕'의 가능성을 타진하러 시칠리아에 온 플라톤이 어디서 실망하는지 유심히 지켜볼 필요가 있습니다. 그는 그 나라 사람들이 읽는 철학책을 본 것도 아니고, 그 나라 사람들의 철학 지식을 물어본 것도 아니었습니다. 그는 바로 사람들의 일상, 특히 왕의 일상을 유심히 보았습니다. 철학의 가능성을 일상에서 보았다는 것은 참으로 의미심장합니다. 그는 힘이 세기 때문이 아니라 훌륭한 삶을 살기에 사람들로부터 우러름을 받는 왕을 생각했습니다. 사람들에게 법도를 정해 주지만 그 누구보다 자신이 그 법도에 따라 살아가는 왕 말입니다. 플라톤은 그런 왕에게는 언제나 친구와 협력자, 지지자들이 생겨날 것이고, 주변의 도시들은 마음속 깊이 충성을 다할 것이라고 생각했습니다. 그러나 이 모든 가능성은 시칠리아의 시라쿠사 사람들, 특히 권력자들이 사는 모습을 보았을 때 사라지고 말았지요.

플라톤은 마음을 접고 아테네로 돌아옵니다. 그러나 철학하는 왕의 이상마저 포기한 것은 아니었습니다. 다만 아직 때가 오지 않았다고 생각했지요. 그는 때를 기다립니다. 때를 기다린다는 것은 그냥 허송세월을 하는 것이 아닙니다. 동지들을 규합하고 길러 내기 위해 그는 하나의 조직을 만듭니다. 그것이 그 유명한 '아카데미아'입니다. 오늘날에는 학교나 학계 일반을 가리키는 용어이지만 플라톤이 처음 아카데미아를 만들었을 때 그 성격은 조금 달랐습니다. 아카데미아는 철학을 함께 공부하는 곳이지만 또한 '철학하는 왕'의 이상을 길러 내는 곳이기도 했으니까요. 플라톤은 철학과 정치가 별개라고 생각지 않았습니다. 그래서 여러 나라에서 정치나 입법에 대해 물어 오면

그는 아카데미아에서 공부하는 이들을 파견하곤 했습니다. 그러니까 아카데미아는 공부하는 그룹 즉 학파이기도 했지만, 정치적 이상을 나눠 가진 동지들의 그룹, 즉 당파이기도 했던 겁니다.

플라톤은 이 조직에서 읽힐 책을 집필했는데 『정체』(『국가』)가 그 중 하나입니다. 이 책을 정확히 언제 집필했는지는 확실치 않지만 아마도 아카데미아를 세울 무렵, 그러니까 시칠리아에서 아테네로 돌아온 직후가 아닌가 싶습니다. 실제로 이 책은 '철학하는 왕'의 체제를 정치체가 지향해야 할 최선의 것, 하나의 본本으로 제시하고 있습니다. 이 책의 한 부분을 인용해 보겠습니다. "철학자들이 나라들을 왕들로서 다스리거나, 아니면 현재 이른바 왕 또는 최고 권력자들이

'진실로 그리고 충분히 철학을 하게' 되지 않는 한, 그리하여 정치적 권력과 철학이 한데 합쳐지고, 다양한 성향들이 지금처럼 둘 중 어느 한쪽으로 향해 가는 상태가 강제로라도 저지되지 않는 한, 여보게나 글라우콘, 나라들에 있어서, 아니 내 생각으로는, 인류에게 있어서도 '나쁜 것들의 종식'은 없다네."

'철학하는 왕'에 대한 이야기가 앞서 우리가 편지에서 읽은 내용과 사실상 동일합니다. 지금의 경향을 '강제로라도 저지'할 막강한 정치적 힘을 가진 자가 또한 '철학하는 자'여야 한다는 것. 그때만이 나쁜 상태가 끝날 것이라는 생각. 이것이 중년의 플라톤이 가진 확신이었습니다.

그러나 때는 금방 오지 않았고 시간만 하염없이 흘렀습니다. 그로부터 20년이 흐른 후 시칠리아의 시라쿠사에서 중요한 편지 한 장이 날아듭니다. 디온이라는 사람이 보낸 편지였지요. 디온은 플라톤이 처음 시칠리아에 갔을 때 만난 청년입니다. 왕의 처남이었습니다. 그러고 보면 플라톤의 첫 방문이 아무 성과도 없었던 것은 아니었습니다. 디온을 사귀었으니까요.

어떤 전언에 따르면 디온은 플라톤이 시칠리아를 방문했을 때 목숨을 구해 주었다고도 합니다. 시칠리아의 왕 디오니시오스 1세가 친교를 제안하자 플라톤은 "강한 사람은 덕에서도 뛰어나야만 완전하다."는 식으로 가시 돋친 말을 한 모양입니다. 이미 시칠리아에서 철학하는 왕의 가능성을 접은 플라톤이 왕 앞에서 조금 세게 말을 내뱉

& SONS

은 겁니다. 흥분한 왕은 그를 그 자리에서 처형하려 했습니다. 그때 디온이 만류했다고 합니다. 디온은 당시 스무 살 정도의 청년이었는데 플라톤과 정치를 바라보는 생각이 기본적으로 같았지요. 그들은 이때부터 절친한 사이가 되었습니다.

그런데 그 디온이 플라톤에게 급히 편지를 보낸 겁니다. 그는 플라톤에게 때가 왔다고 했습니다. "신적인 행운에 의해 지금 주어진 것보다 더 좋은 기회를 기다리는 것은 불가능합니다." 무슨 일이 있었던 것일까요.

디오니시오스 1세가 죽고 그의 아들, 그러니까 디온 자신의 조카 디오니시오스 2세가 왕위에 오른 겁니다. 디온은 자신의 권력이 매우 크고, 친척들이 자기 말을 잘 따르며, 무엇보다 새로운 왕이 철학에 매우 열심이라고 했습니다. "동일한 사람이 철학자이자 큰 국가의 정치 지도자가 될 수 있다는 희망이 완전하게 이루어질 날이 만일 언젠가 있다면, 지금이 바로 그때입니다." 그러니까 디온의 말을 요약하자면, 철학에 관심이 있는 어린 왕을 플라톤과 자신이 잘 키우면, '철학하는 왕'을 만들 수 있지 않겠느냐는 것이었습니다.

20년의 시간이 흐른 탓이었을까요. 플라톤은 시칠리아에 가는 것이 내키지 않았습니다. 젊은 사람들 말이란 오늘과 내일이 다를 정도로 변덕이 심하다고 했습니다. 그러나 따지고 보면 디온도 이제 더 이상 젊은 사람은 아니었지요. 처음 만났을 때에야 20대 청년이었지만 지금은 중후한 40대가 되었으니까요. 플라톤이 '철학하는 왕'의 이상을 품었을 때의 나이에 디온도 이른 셈입니다. 플라톤은 많이 망설입니다. 그러다 자신이 가지 않는다면 디온과의 우정을 배신하는 일이라는 생각을 합니다.

하지만 두 번째 시칠리아 방문에 나선 결정적 이유는 제 생각에는 조금 다른 데 있었던 것 같습니다. 플라톤은 "무엇보다 나 자신이 보기에 내가 순전히 그저 말만 하고 자발적으로 하는 행동은 하나도 없는 사람으로 스스로에게 비쳐지진 않을까 부끄러웠다."라고 했습니다. 만약 자신이 가지 못하겠다고 했을 때 디온이 이렇게 묻는다면 어떻게 할까. 당신은 만날 '철학하는 왕'에 대해 말하더니 정작 그것을 위해 나서야 할 때가 오니 몸을 사리는 것인가. 실제로 디온이 그렇게 물은 건 아니었지요. 플라톤 스스로 그 물음을 던져 본 겁니다.

이는 플라톤에게 '철학자'의 정체성에 관한 문제였다고 할 수 있습니다. 문맥에서 보건대, 우리는 플라톤이 '철학자'가 철학자인 이유를 '말'보다는 '행함'에서 찾고 있음을 알 수 있습니다. 이 비슷한 상황이 소크라테스에게도 있었지요. 앞서 소개한 『변론』에서 소크라테스는 자신이 '30인 정권'의 명령을 어기고 집에 가 버린 이유를 이렇게 말했습니다. "그 어떤 올바르지 못한 짓도 그 어떤 불경한 짓도 행하지 않는 것을, 말이 아닌 행동으로 보여 주기 위해서였습니다." '말'이 아닌 '행동'으로 보여 준다는 것. 거기에는 철학자를 철학자로 부를 수 있게 하는 무언가가 있는 모양입니다.

플라톤은 자신이 '말'만 하는 사람이 아니라 '행하는' 사람임을 보여 주기 위해 배를 타고 시칠리아로 갑니다. 이미 60대에 접어든 나이니 쉬운 여행은 아니었을 겁니다. 그런데 시칠리아에 도착했을 때 플라톤은 정세가 심상치 않음을 느꼈습니다. 왕 주변에는 파벌 싸움이 끊이질 않았고 무엇보다 여러 사람들이 왕에게 디온을 모략하고 있었거든요. 플라톤이 도착한 지 4개월쯤 되었을 때 결국 디온은 모반 혐의로 유배됩니다. 디온을 몰아낸 이들이 플라톤을 좋게 보지 않았을 것임은 두말할 필요도 없지요. 플라톤이 처형되었다는 말이 시라쿠사에 돌 정도였습니다.

그러나 새로운 왕은 플라톤과 사귀고 싶어 했습니다. 무엇보다 플라톤으로부터 어떤 인정을 받고 싶어 했지요. 플라톤은 그것을 금세 알아챘습니다. "그는 내가 디온보다 그 자신을 더 칭찬해 주기를 바랐으며 나아가 그것에 대한 집착을 갖고 있었습니다." 철학을 하겠다는 왕은 정작 철학을 자기 것으로, 다시 말해서 자기 삶으로 만드는 노력은 하지 않았다고 합니다. 플라톤은 왕을 철학자로 만들려는 노력이 실패했다고 고백합니다. "나는 이곳에 왔을 때 처음 가졌던 생각을 지켜 가며 모든 것을 꾹 참고 견뎠습니다. 그가 어떻게든 철학적인 삶에 대한 욕구에 다가섰으면 하는 생각에서 말입니다. 그러나 그것에 반대로 가는 쪽에 내가 지고 말았습니다." 그렇게 두 번째 시칠리아 방문도 허탕이 되었고 플라톤은 아테네로 다시 돌아와야 했습니다.

# 영혼의 램프에
# 불을 켜세요

인연이란 참 질긴가 봅니다. '초인
간적인 무언가'가 이 모든 일을 만들어 내려고 자신을 시칠리아에 끌
어들인 게 아닌가 플라톤이 생각했을 정도로, '철학하는 왕'이라는 말
이 만들어 낸 인연은 끝이 나지 않았습니다. 두 번째 방문에서 돌아
온 뒤 몇 년의 시간이 지났는데 시칠리아에서 다시 편지가 옵니다.
디오니시오스 2세가 직접 보낸 것이었습니다. 플라톤이 돌아간 뒤 왕
은 줄기차게 시칠리아에 다시 올 것을 요청했습니다. 플라톤이 오기
만 한다면 만사가 플라톤이 원하는 대로 해결될 것이라고 했지요. 아
마도 디온을 다시 불러들이는 일을 약속한 것 같습니다. 게다가 삼단
노를 가진 큰 배를 보냈고, 플라톤이 좋아할 법한 사람들까지 보냈습
니다. 그들은 한결같이 왕이 철학을 좋아한다고, 그리고 공부의 진척

이 놀랍다고 했습니다. 게다가 디온까지 플라톤에게 전갈을 보내 왕이 변한 것 같으니 꼭 와 달라고 했고요.

플라톤은 자신의 방문 거절이 디온의 안위에 미칠 영향, 그리고 타렌툼이라는 도시에 사는 자기 친구들과 디오니시오스 2세 사이에 형성된 정치적 우호 관계를 해치지 않을까 하는 걱정에 방문을 결심합니다. 그러나 더 중요한 것은 디온과 친구들이 말한 가능성, 즉 디오니시오스 2세에게 '철학하는 왕'이 될 가능성이 있는지를 타진해 보기 위해, 그 자신의 표현을 빌리면 "눈 딱 감고" 여행을 떠났습니다. 그의 나이가 66세 되던 해의 일이지요.

플라톤은 이 오랜 여정을 마무리하려는 듯 왕에게 '철학자'의 가능성이 있는지를 알아보는 시험을 제시합니다. 이게 바로 이 글의 처음에 말했던 '왕의 철학 시험'입니다. 플라톤은 왕이 철학을 열심히 한다고 했는데 그것이 나무에 불이 붙은 것처럼 "철학에 의해 불이 붙었는지" 확인해 보겠다고 합니다. 마치 어떤 쇠가 강철인지를 확인하기 위해 망치로 내리쳐 보듯 플라톤은 왕을 두드려 봅니다. 플라톤이 휘두르는 망치란 철학자에 대한 진실을 그대로 들려주는 것이었습니다. 철학을 한다는 것이 어떤 것인지를 왕에게 정확히 말해 주는 겁니다. 왕이 그 진실을 듣고도 철학자이기를 원하는지.


(그에게) 적합한 시험이 한 가지 있습니다. 그와 같은 사람들에게는 그 수행(철학을 열심히 갈고닦는 일)이 전체적으로 어떤 것이고

플라톤 고대 지식인들을 한자리에 그려 넣은 라파엘로의 작품 「아테네 학당」 중 플라톤의 모습(그림 왼쪽)이다. 그림 오른쪽은 그의 제자 아리스토텔레스이다.

어느 만큼의 수행을 통해야 하고 어느 만큼의 노고가 드는 것인지를 보여 주어야 합니다. 만일 그가 진정 지혜를 사랑하고, 또한 비범하여 그 수행을 가까이 하고 또 그 수행에 적합하다면, 그는 그 수행에 대해 듣고서 경탄할 만한 길에 들었다고 생각하고 이제는 그것에 매진해야 하고 그러지 않는 자는 살 가치도 없다고 생각할 겁니다. 바로 그다음부터 그는 스스로도 매진하고 그 길을 이끄는 사람도 매진케 하고, 모든 것을 끝마치거나 길을 제시해 준 사람으로부터 독립해서 스스로 자신을 인도할 수 있는 능력을 갖추기 전까지는 그를 놓아 주지 않을 겁니다. 그런 사람은 이런 식으로, 그리고 이것들을 염두에 두고 살면서, 그 어떤 활동에 종사하더라도 그 모든 것을 넘어서 언제나 철학을 고수하고 자신이 최대한 쉽게 배울 수 있고 기억을 잘할 수 있으며 자신 안에서 맑은 정신으로 사고할 수 있는 생활양식을 고수합니다. 반면에 이와 반대되는 생활양식은 끝까지 혐오합니다. 그러나 진정으로 지혜를 사랑하지 않는 사람들은 육신이 태양에 의해 그을린 사람들처럼 의견에 물든 나머지 배울 것들이 얼마나 많고 얼마나 오랜 노고가 들며 얼마나 규칙적으로 생활해야 하는지에 대해서 듣게 된다면 그리고 그런 규칙적인 생활만이 수행에 적합하다는 것을 알고 나면 그것이 자신들에게는 어렵고 불가능하다고 생각합니다. 그래서 정말로는 그것에 전념할 수가 없을 겁니다. 그들 중 어떤 이들은 자신들이 전부 다 충분히 들었고 더 이상은 어떤 수행도 전혀 필요하지 않다고 스스로를 설득합니다. 그러니 이 시험은 사치스러운 삶을 살고 노고를 감내할 수 없는 사람들을 상대로 해서 확실하고도 가장 안전한 시험이 됩니다.

한마디로 철학은 그렇게 폼 나는 일이 아니라는 겁니다. 깨달음에 방해되는 방탕한 삶은 철저히 멀리하고, 군인처럼 삶을 규칙적으로 만들고, 또 사회적 통념에 쉽게 빠져들지 않기 위해서 항상 깨어 있어야 합니다. 철학을 갈고 닦는다는 것은 이처럼 고생스럽고 재미없어 보이는 것인데도 하겠느냐는 물음, 그것이 왕에게 제시된 시험 문제였습니다. 왕은 플라톤의 말뜻을 알아차렸을까요? 그는 플라톤의 말을 듣고도 철학자가 되고자 했을까요? 그는 플라톤이 말하고자 하는 바가 무엇인지를 모르는 듯했습니다. 무엇보다 왕이 생각한 '철학자'의 이미지는 플라톤이 생각한 것과 많이 달랐습니다. 왕이 특별히 못난 사람 같지는 않습니다. 어떤 점에서 보면 왕이 가진 철학자의 이미지는 우리가 통상적으로 갖고 있는 이미지였으니까요.

왕에게 철학자란 철학 개념들에 대한 지식이 많은 사람, 철학책을 쓴 사람 정도였던 것 같습니다. 플라톤에 따르면 그는 "다른 사람들에게 귀동냥한 것을 가지고 자신이 가장 중요한 것을 많이 알 뿐만 아니라 그것으로 충분한 척했습니다." 플라톤은 철학자의 시험을 하기 전에 디오니시오스 2세를 보자마자 그가 "귀동냥한 소리로 가득 찬 사람"이고 그런 경험을 많이 했다는 것을 단번에 알아차렸다고도 했습니다. 그는 나중에 디오니시오스 2세가 책을 썼다는 이야기까지 들었지요. 플라톤과 이야기를 나누었던 내용을 바탕으로 썼다고 하지만 플라톤이 짐작하기에는, "그가 들었을 내용과는 전혀 다른 내용으로" 책을 펴냈던 모양입니다.

나중에 플라톤은 철학이란 책으로 펴낼 수 있는 어떤 것이라고 생각하는 사람들에게 경고를 했습니다. 자기에게 들은 말을 펴내든, 또 다른 철학자의 말을 펴내든, 아니면 스스로 깨달았다고 생각해서 그것을 말로 펴내든, 플라톤은 자신이 생각하는 바의 철학이란 그런 식

으로 전달될 수 있는 게 아니라고 했습니다. 철학은 '지혜에 대한 사
랑'이지만, 그의 생각에 철학이 사랑한다고 하는 지혜란 말이나 글로
써 전달될 수 있는 것이 아니었습니다. 그 이유를 플라톤에게 직접
들어 볼까요.

왜냐하면 그것은 다른 학문들처럼 결코 말로 옮겨질 수 있는 것
이 아니라, 주제 자체와 관련해서 이루어진 오랜 교유(함께함)와
공동생활로부터, 예컨대 튀는 불꽃에서 댕겨진
불빛처럼 갑자기 혼 안에서 생겨나서 비로소
자기 자신을 스스로 길러 내기 때문입니다.

　나는 플라톤의 이 구절을 정말 좋아합니다. 철학자의 지혜란 다른 지식처럼 말로 옮기고 암기할 수 있는 그런 것이 아닙니다. 사람들과 함께 공동생활을 하고 서로 부대끼다 보면 철학의 지혜를 얻을 수 있는 기회가 찾아옵니다. 마치 돌멩이 두 개를 비비고 부딪치면 열이 나고 불꽃이 튀듯이, 우리는 친구들 사이에서, 가족들 사이에서, 동료들 사이에서, 다시 말해 공동생활을 하는 모든 곳에서, 열이 나고 불꽃이 튀는 경험을 할 수 있지요. 때로는 우리를 아프게 하고 때로는 우리를 기쁘게 하는 어떤 순간들. 그때 일어난 불꽃이 영혼의 램프에 옮겨 붙을 때 우리는 지혜를 얻습니다. 그리고 영혼의 램프에서 타는 그 불꽃이 우리를 성장케 하고 우리 삶을 인도할 겁니다.

# 당신의 삶이
# 당신의 철학입니다

디오니시오스 2세가 '철학하는 왕'이 될 수 없었던 것은 무엇보다 그가 철학자에 대한 잘못된 이미지를 갖고 있었기 때문입니다. 그런데 그 이미지는 앞서 말한 것처럼, 오늘날 우리가 가진 이미지와 그리 달라 보이지 않습니다. 철학을 누구에게 전해들을 수 있는 지식으로 생각하고, 철학 지식을 알기만 하면 족히 철학자가 될 수 있다고 생각하는 것 말입니다. 오늘날 철학은 대학의 특정한 학과 이름이 되었기에 이런 생각이 더 굳어지는 것 같기도 합니다. 즉 그 학과를 졸업하면 철학자가 된다거나, 거기서 공부하는 지식에 정통하면 철학자가 된다거나, 그것에 대한 책을 펴내면 철학자가 된다거나 하는 생각들이 정말 많이 퍼져 있습니다.

그러나 플라톤에 따르면 철학자는 말하기 전에 행하는 사람입니

다. 그가 시칠리아에 가는 걸 내켜 하지 않으면서도 가야 했던 까닭
도 그 때문이고, 소크라테스가 목숨을 걸고 정권의 명령을 어겼던 것
도 모두 철학을 행동으로 보여 주기 위해서였습니다. 철학자란 행하
는 사람이고, 철학의 실재란 '행함'에 있었기 때문이지요. 그러나 철
학은 '행하는 것'이라는 말은 철학이 특정한 종류의 '행동'이라는 뜻
은 아닙니다. 철학을 한다는 것은 특정한 행동을 하거나 특정한 삶을
사는 것을 의미하지 않습니다. 철학자들만 읽는 특별한 책이 있다거나
철학자가 되기 위해 따야 하는 특별한 자격증이 있는 것도 아닙니다.

왕에게 제시한 철학 시험에서 플라톤이 한 말을 떠올려 보세요. 그
는 "그 어떤 활동에 종사하더라도 그 모든 것을 넘어서 언제나 철학
을 고수"해야 한다고 했지요. "언제나 맑은 정신으로 사고할 수 있는
생활양식을 고수"하라고. 그러니 농부도, 목수도, 음악가도, 학생도
철학을 하는 것이 가능합니다. 통념에 휩싸이지 않고 깨어 있을 수
있다면, 삶에서 튀는 불꽃을 경험할 수 있다면, 그리고 그 불꽃을 도
망치지 않고 들여다볼 수 있다면, 그래서 그것을 내 영혼으로 옮겨
내 삶을 밝히는 등불로 삼을 수 있다면 말이지요. 나의 일상은 내가
그런 것에 관심이 있는지, 내가 그런 노력을 하는지를 그대로 보여
줍니다.

그래서 플라톤은 누군가의 일상을 보면 바로 말할 수 있었는지 모
릅니다. 그가 철학자인지 아닌지 말이에요. 시칠리아에 처음 갔을 때
그가 바로 낙담했던 것도 그 나라의 일상이 철학하는 것과는 거리가

멀었기 때문이고, 두 번째와 세 번째 방문에서 디오니시오스 2세에게 철학자로서의 가능성이 없다고 판단한 것도 왕의 일상을 보았기 때문이지요. 디오니시오스 왕은 플라톤에게 많은 말을 했지만 플라톤은 그것을 믿지 않았습니다. 말은 굳이 들을 필요도 없었습니다. 그의 삶이 그의 철학이니까요. 디오니시오스 왕은 말이 아니라 행동으로서만 철학자의 마음을 얻을 수 있다는 것, 다시 말해서 철학적 삶을 살아감으로써만 철학자가 되고 철학자의 친구가 될 수 있다는 걸 몰랐습니다.

어쩌면 우리는 자기 작품을 언제나 들고 다니는 조각가와 같습니다. 우리는 우리의 철학 작품을 언제나 들고 다닙니다. 지금 우리의 모습이 우리가 누구인지를 말해 줍니다. 우리는 우리의 철학을 그렇게 내보이고 있는 겁니다. 우리가 누군가의 철학에 신뢰를 갖는 것, 혹은 누군가 우리의 철학을 신뢰하는 것은 그 말을 믿어서가 아니라 그의 삶을 믿기 때문일 겁니다.

따지고 보면 플라톤은 결국 '철학하는 왕'을 찾지도 만들지도 못했습니다. 그러나 그가 자신이 디오니시오스 왕과 디온에게 말하고자 했던 것이 한결같다고 했습니다. 그는 이 '일곱 번째' 편지를 받는 사람들에게도 똑같은 조언을 하고 싶다고 했지요. 아마 그는 21세기의 우리에게도 마찬가지 조언을 할 겁니다. "어떻게든 스스로가 자신의 주인이 될 수 있도록, 그리하여 믿을 만한 친구와 동지를 얻을 수 있는 그런 일상의 삶을 살아야 합니다."

◉

왜냐하면 그것은 다른 학문들처럼 결코 말로 옮겨질 수 있는 것이 아니라,

주제 자체와 관련해서 이루어진 오랜 교유(함께함)와 공동생활로부터,

예컨대 튀는 불꽃에서 댕겨진 불빛처럼 갑자기 혼 안에서 생겨나서

비로소 자기 자신을 스스로 길러 내기 때문입니다.

◉

● 

고전 및 인용문 출처와 더 읽을거리

●

저자 소개

● 「나를 위해 공부하라」(김현식)에서 함께 읽은

현재 우리가 보는 『논어論語』는 후한 시기 하안(193년?~249년)이 정리한 것으로, 총 20편 약 500여 개의 문장으로 되어 있습니다.

「나를 위해 공부하라」에 인용한 『논어』 풀이는 직접 옮겼습니다. 입말에 가까운 표현을 위해 이을호가 옮긴 『한글 논어』(올제)를 참고했습니다. 오래전 번역이지만 『논어』를 생동감 있는 말로 옮긴 좋은 책입니다.

그 밖에 『논어』 번역본으로는 박성규가 옮긴 『논어집주』(소나무)나 일본 학자인 미야자키 이치사다의 『논어』(박영철 옮김, 이산)를 추천합니다. 『논어』와 공자에 대한 연구서로는 H. G. 크릴의 『공자─인간과 신화』(이성규 옮김, 지식산업사)가 훌륭한 책입니다.

청소년들을 위해 쓴 『공자와 제자들의 유쾌한 교실』(김현식 지음, 메멘토)은 공자를 비롯해 『논어』에 등장한 여러 인물을 재미있게 만날 수 있는 책입니다. 공자를 스크린에서 만나 보려면 2010년 개봉한 「공자─춘추전국시대」를 보는 것이 좋습니다.

● 「탈출하려면 변신하라」(박정수)에서 함께 읽은

프란츠 카프카의 「변신Die Verwandlung」은 1915년 쿠르트볼프사의 '새날' 시리즈 중에서 2권 1책(22권과 23권)으로 출판되었습니다.

「탈출하려면 변신하라」에 소개한 인용문은 『변신: 카프카 전집 1』(이주동 옮김, 솔)에서 가져왔으며, 『아버지에게 드리는 편지Brief an den Vater』의 인용문은 『아버지에게 드리는 편지』(이재황 옮김, 문학과지성사)에서 가져왔습니다.

카프카의 작품 세계를 영화로 만나고 싶으면 미하엘 하네케가 연출한 「성」을 보면 좋고, 카프카의 생애를 알고 싶으면 카프카가 쓴 『아버지에게 드리는 편지』를 읽어 보기 바랍니다. 『아버지에게 드리는 편지』는 아버지와 갈등을 겪고 있는 청소년들이 읽으면 가슴에 와 닿는 부분이 굉장히 많을 것입니다.

● 「내면의 지도를 작성하다」(현민)에서 함께 읽은

장 자크 루소의 『고백록Les Confessions』은 2부 12권으로 되어 있으며, 제1부(6권, 1782년 출간), 제2부(6권, 1789년 출간) 모두 루소가 죽은 후에 출간되었습니다. 「내면의 지도를 작성하다」에 소개한 인용문은 『고백록』1, 2(이용철 옮김, 나남)에서 가져왔습니다. 오역 때문이 아니라 이해를 돕기 위해 수정한 부분이 있습니다.

『고백록』 외에 인용된 글의 출처는 『루소전집4-고독한 산책자의 몽상, 말제르브에게 보내는 편지 외』(진인혜 옮김, 책세상)와 『에밀』(김중현 옮김, 한길사), 『성 어거스틴의 고백록』(선한용 옮김, 대한기독교서회), 『프랭클린 자서전』(강미경 옮김, 느낌이있는책)입니다.

『고백록』은 두툼하지만 재미난 소설책처럼 술술 읽힙니다. 바로 도전해도 무방합니다. 루소의 삶과 사상에 대한 입문서로는 게오르크 홀름스텐의 『루소』(한미희 옮김, 한길사)를 추천합니다. 루소가 『고백록』을 쓰면서 잊어버리거나 착각한 부분들에 대해 알 수 있습니다. 더 욕심이 난다면 리오 담로시가 쓴 『루소-인간 불평등의 발견자』(이용철 옮김, 교양인)를 읽어 보세요.

이케다 리요코 만화 『베르사유의 장미』(해외단행본팀 옮김, 대원씨아이)는 프랑스혁명 전후의 사회상을 다루고 있습니다. 루소의 숭배자였던 혁명가 로베스피에르의 입을 빌려 루소가 언급되는 부분이 있습니다. 루이 16세의 취미는 국왕답지 않게 자물쇠 만들기인데, 이 또한 『에밀』에서 제시된 교육 방침의 영향력을 엿볼 수 있는 대목입니다. 애니메이션으로도 있습니다.


● 「어둠 속에서 어둠의 모든 것을 보며 전진하라」(박정수)에서 함께 읽은

루쉰의 『아침꽃을 저녁에 줍다』(이욱연 옮김)는 루쉰의 산문을 골라 엮은 산문 선집으로, 1927년에 출판된 루쉰의 『朝花夕拾』에서 제목을 빌려 왔지만 루쉰의 책과는 내용과 체제가 다릅니다. 루쉰의 산문을 골고루 맛볼 수 있도록 5장에 걸쳐 비슷한 주제의 글들을 묶어 놓았습니다. 1991년에 도서출판 창에서 출간했다가 2003년 예문에서 개정판이 나왔습니다.

「어둠 속에서 어둠의 모든 것을 보며 전진하라」에 소개한 루쉰의 글은 대부분 2003년판에서 인용했으나 몇몇 글은 1991년판에서 가져왔습니다.

루쉰의 소설은 짧고도 강렬합니다. 가슴이 먹먹해지는 슬픔도 있지만 씹을수록 우러나는 유머도 탁월합니다. 『루쉰 전집 2권(외침, 방황)』(그린비)을 권합니다.


● 「당신의 삶이 당신의 철학이다」(고병권)에서 함께 읽은

플라톤의 일곱 번째 편지는 대략 기원전 353년 즈음에 쓰였을 거라고 추정되고 있습니다. 현재 남

아 있는 것은 원본이 아니고 중세의 필사본입니다. 시칠리아에 있는 친구 디온이 살해당한 후 그 추종자들에게 자신이 생각하는 올바른 정치와 철학에 대해서 적어 보낸 것입니다. 플라톤이 직접 자기 생애를 회고하고 있어, 플라톤 생애를 연구하는 사람들에게는 가장 중요한 사료이기도 합니다.

「당신의 삶이 당신의 철학이다」에 소개한 글은 정암학당에서 나온 플라톤 전집에 들어 있는 『편지들』(강철웅·김주일·이정호 옮김, 이제이북스)에서 가져왔습니다. 부드럽게 읽히도록 문장을 일부 수정한 부분이 있습니다. '철학하는 왕'에 대한 플라톤의 생각을 설명하기 위해 『정체―국가』(박종현 옮김, 서광사)에서도 일부 문장을 인용했습니다.

## | 저자 소개 |

●「나를 위해 공부하라」를 쓴 김현식은

동양 고전을 공부하고 있습니다. 지금까지 『논어』, 『맹자』, 『장자』 등을 읽었으며 최근에는 사마천의 『사기』를 열심히 읽고 있습니다. 쓴 책으로는 『공자와 제자들의 유쾌한 교실』이 있으며, 공자가 그랬던 것처럼 배움을 사랑하고 건강한 삶을 일궈 나가는 것이 꿈입니다. 앞으로 청소년은 물론 동양 고전에 관심 있는 독자에게 친절한 책을 쓰고자 합니다.

●「탈출하려면 변신하라」와
「어둠 속에서 어둠의 모든 것을 보며 전진하라」를 쓴 박정수는

연구공간 수유너머에서 11년째 생활하고 있습니다. 그동안 쓴 책은 『현대소설과 환상』, 『청소년을 위한 꿈의 해석』이 있고, 번역한 책은 슬라보예 지젝의 『잃어버린 대의를 옹호하며』 외 4권이 있습니다. 책상에 오래 앉아 있지 못하는 성격으로 주로 움직이면서 공부하고, 어떤 아이디어가 떠오르면 곧바로 실행에 옮기려 듭니다. 농사, 요리, 목공, 공공 미술, 마을 만들기에 관심이 많습니다.

●「내면의 지도를 작성하다」를 쓴 현민은

사회복지학과, 사회학과 대학원, 수유너머를 다녔습니다. 세 군데 다 공부는 안 하고, 들락날락만 했습니다. 병역을 거부하고 수감 생활을 했습니다.

●「당신의 삶이 당신의 철학이다」를 고병권은

수유너머R에서 책을 읽고 글을 쓰며 강의하고 있습니다. 마르크스, 니체, 스피노자 등의 철학자들에 대해 공부했고, 민주주의와 사회운동에 대한 몇 편의 글을 썼습니다. 최근 펴낸 책으로는 『생각한다는 것』, 『민주주의란 무엇인가』, 『점거, 새로운 거번먼트』가 있고, 곧 『"살아가겠다"』와 『언더그라운드 니체』가 나올 예정입니다.

● **이 책을 기획하고 진행한 김수미는**

지역에서 청소년을 만나 상담하는 일을 합니다. 수유너머R에서 책을 읽고 글을 씁니다. 사람과 책이 던져 주는 일렁임을 좋아합니다. 함께 살고 공부하며 몸과 마음이 지니는 경계를 말랑말랑하게 만들고자 합니다.

그림을 그린 **김진화** 선생님은

대학교에서 회화를 공부하고 어린이 책에 그림을 그려 왔습니다. 여러 가지 재료로 물건을 만들어서 사진을 찍는 등 다양한 기법으로 재미있는 그림, 뜻을 담은 그림을 만들기 위해 애쓰고 있습니다. 「친구가 필요해」 「학교 가는 길을 개척할 거야」 「기록한다는 것」 「삼국유사, 끊어진 하늘길과 계란맨의 비밀」 「수학식당」 등 여러 책에 그림을 그렸습니다.

사진 제공

Wikimedia Commons(Mike Peel), Project Gutenberg, Asianart, 국립중앙박물관, 경주시


**고전이 건네는 말 2**
## 나를 위해 공부하라

2013년 7월 15일 제1판 1쇄 발행
2016년 5월 10일 제1판 3쇄 발행

| | |
|---|---|
| 지은이 | 수유너머R |
| 그린이 | 김진화 |
| 펴낸이 | 김상미, 이재민 |

| | |
|---|---|
| 편집 | 김세희 |
| 디자인기획 | 민진기디자인 |

| | |
|---|---|
| 종이 | 다올페이퍼 |
| 인쇄 | 청아문화사 |
| 제본 | 광신제책 |

| | |
|---|---|
| 펴낸곳 | 너머학교 |
| 주소 | 서울시 종로구 누하동 17번지 2층 |
| 전화 | 02)336-5131, 335-3366, 팩스 02)335-5848 |
| 등록번호 | 제313-2009-234호 |




너머북스와 너머학교는 좋은 서가와 학교를 꿈꾸는 출판사입니다.